BIBLIOGRAPHISCHER DIENST STAAT UND RECHT

Herausgeber:
DEUTSCHES INSTITUT FÜR RECHTSWISSENSCHAFT
Potsdam-Babelsberg

Jahrgang 2/1956 — Heft 2
März / April

AKADEMIE-VERLAG · GMBH · BERLIN

Bezug des Bibliographischen Dienstes
Erscheinungsweise: zweimonatlich
Preis pro Heft 3,70 DM

Bestellungen sind zu richten an eine Buchhandlung oder an die Post.

Auslieferungen:

Für das Gebiet der Deutschen Demokratischen Republik: LKG — Leipziger Kommissions- und Großbuchhandel, Leipzig C 1, Leninstraße 16

Für das Gebiet der Bundesrepublik Deutschland: KUNST UND WISSEN — Inh. Erich Bieber, Stuttgart N, Hospitalstraße 33 a.

Für das gesamte Ausland: Deutsche Buch-Export und -Import GmbH., Leipzig C 1, Postschließfach 276 oder Akademie-Verlag GmbH., Berlin W 8, Mohrenstraße 39.

Anschrift der Redaktion:
Deutsches Institut für Rechtswissenschaft, Abt. Bibliothek,
Potsdam-Babelsberg II, Karl-Marx-Straße 2

Bearbeiter: Dr. Renate Bellmann und Helmut Luft
Transkription: Bibliothekarisch und phonetisch

Inhaltsverzeichnis:

Seite

A. Bibliographie aus Zeitschriften der Deutschen Demokratischen Republik, der Sowjetunion und der Länder der Volkdemokratie 275

B. Bibliographie aus Zeitschriften der Deutschen Bundesrepublik 301

C. Verzeichnis der Neuerwerbungen der Bibliothek des Deutschen Instituts für Rechtswissenschaft 333

D. Übersetzungen aus der Zeitschrift „Sovetskoe gosudarstvo i pravo" . . . 358

E. Verzeichnis der in der Bibliothek des Deutschen Instituts für Rechtswissenschaft vorhandenen unveröffentlichten Übersetzungen 361

Alphabetisches Sachgruppenverzeichnis 366

A. BIBLIOGRAPHIE AUS ZEITSCHRIFTEN DER DEUTSCHEN DEMOKRATISCHEN REPUBLIK, DER SOWJETUNION UND DEN LÄNDERN DER VOLKSDEMOKRATIE

Diese Bibliographie enthält eine Auswahl einschlägiger Artikel aus folgenden Zeitschriften: 1)

a) Deutschsprachige Zeitschriften

Ahdl.	= Der Außenhandel, Berlin	1955,H.20-24 1956,H.1
Arb.	= Die Arbeit, Berlin	1955,H.11-12
	Aufbau. Kulturpolitische Monatsschrift, Berlin	1955,H.10-12 1956,H.1
A.u.S.	= Arbeit und Sozialfürsorge, Berlin	1955,H.21-24
Ber.Dt.Wirtsch.Inst.	= Berichte des Deutschen Wirtschaftsinstituts, Berlin	1955,H.15-18
ddz	= Dokumentation der Zeit, Berlin	1955,H.105-108
Dem.Aufb.	= Demokratischer Aufbau, Berlin	1955,H.16-21 1956,H.1
DFW	= Deutsche Finanzwirtschaft, Berlin	1955,H.20-24
Dt.Ldwi.	= Die deutsche Landwirtschaft, Berlin ..	1955,H.11-12 1956,H.1
Dt.Zs.Philos.	= Deutsche Zeitschrift für Philosophie, Berlin	1955,H.5
Einh.	= Einheit, Berlin	1955,H.11-12
EuV	= Erfindungs- und Vorschlagswesen, Berlin	1955,H.17-24
Forum,Wiss.Beil.	= Forum, Wissenschaftliche Beilage, Berlin	1955,H.22-25
Gew.Akt.	= Das Gewerkschaftsaktiv, Berlin	1955,H.21-24 1956,H.1
Grds.Fr.KG	= Grundsätzliche Fragen der Konsumgenossenschaften, Berlin	1955,H.10-12
Hdl.	= Der Handel, Berlin	1955,H.21-24
Hswesen	= Das Hochschulwesen, Berlin	1955,H.9-12
Mtbl.VDJD	= Mitteilungsblatt der Vereinigung demokratischer Juristen Deutschlands, Berlin	1955,H.5-6
Nat.	= Die Nation, Zeitschrift für Theorie und Praxis Nationaler Politik, Berlin.	1955,H.10-11

NJ	= Neue Justiz, Berlin	1955,H.22-24 1956,H.1
N.Weg	= Neuer Weg, Berlin	1955,H.18-24
N.Zeit	= Neue Zeit, Moskau	1955,H.43-52 1956,H.1-2
RID	= Rechtswissenschaftlicher Informationsdienst, Berlin	1955,H.22-24 1956,H.1
Reporter	= Der Reporter, Berlin	1955,H.11-12
Schöffe	= Der Schöffe, Berlin	1955,H.1o-12
Sov.Wiss.(GA)	= Sowjetwissenschaft,Gesellschaftswiss. Abteilung, Berlin	1955,H.6
Stat.Prax.	= Statistische Praxis, Berlin	1955,H.11-12
St R	= Staat und Recht, Berlin	1955,H.6
Vpol.	= Die Volkspolizei, Berlin	1955,H.12-15 1956,H.1
'eltb.	= Die Weltbühne, Berlin	1955,H.4o-49
,GBew.	= Die Weltgewerkschaftsbewegung, Berlin	1955,H.1o-12
Wirtsch.Wiss.	= Wirtschaftswissenschaft, Berlin	1955,H.5; Sonderheft
Wiss.Ann.	= Wissenschaftliche Annalen, Berlin	1955,H.12
WZ Berlin	= Wissenschaftliche Zeitschrift der Humboldt- Universität, Gesellschafts-u. Sprachwiss. R., Berlin	1954/55,H.2
WZ Halle	= Wissenschaftliche Zeitschrift der Martin- Luther- Universität, Ges.u. Sprachwiss. R., Halle	1955/56,H.1
WZ Jena	= Wissenschaftliche Zeitschrift der Friedrich- Schiller- Universität, Ges.u. Sprachwiss. R., Jena	1955/56,H.1-3
ZS Jug Heimerz	= Zeitschrift für Jugendhilfe und Heimerziehung, Berlin	1955,H.1-3.5-11
Zs.Gesch.Wiss.	= Zeitschrift für Geschichtswissenschaft, Berlin	1955,H.4-5

b) Fremdsprachige Zeitschriften

Állam és Igazga	= Állam és Igazgatas (Staat und Verwaltung) Budapest	1955,H.9-1o
J.K.	= Jogtudományi közlöny (Rechtswissenschaftliche Mitteilungen), Budapest ..	1955,H.9-1o
.T.N.	= Justitia Nouá (Neue Justiz) Bukarest .	1955,H.5
	Kommunist, Moskau	1955,H.14-18
	Lupta de Clasa (Der Klassenkampf), Bukarest	1955,H.8-1o
Mežd.Žizn	= Meždunarodnaja žizn (Das internationale Leben), Moskau	1955,H.9-1o
	Nowe Drogi (Neue Wege), Warschau	1955,H.9-11

N.P.	= Nowe Prawo (Neues Recht), Warschau	1955,H.lo-12
P.i P.	= Państwo i Prawo (Staat und Recht), Warschau	1955,H.lo-12
Pr.	= Právnik (Der Jurist), Prag	1955,H.9-lo
Pr.obz.	= Právny obzor (Juristische Rundschau),... Prag	1955,H.7;lo-11
Soc.pravo	= Socialističeskoe Pravo (Sozialistisches Recht), Sofia	1955,H.5-7
Soc.zák.	= Socialistická zákonnost (Die sozialistische Gesetzlichkeit), Prag	1955,H.7-9
	Soudce z lidu (Der Volksrichter), Prag .	1955,H.7;7-11
Sov.gos.pravo	= Sovetskoe gosudarstvo i pravo (Sowjetstaat und Sowjetrecht), Moskau	1955,H.6
Sov.věda	= Sovětská věda (Sowjetwissenschaft Staat- und Recht) Prag	1955,H.6
Vopr.ekon.	= Voprosy ekonomiki (Fragen der Ökonomie), Moskau	1955,H.9-11
Vopr.fil.	= Voprosy filosofii (Fragen der Philosophie), Moskau	1955,H.5
Vopr.ist.	= Voprosy istorii (Fragen der Geschichte), Moskau	1955,H.lo

Die hier aufgeführten Hefte sind gemäß der Benutzungsordnung der Bibliothek des Deutschen Instituts für Rechtswissenschaft bedingt ausleihfähig.

1.Marxismus-Leninismus [1]

Franke,H.: Zum 38.Jahrestag der Großen Sozialistischen Oktoberrevolution.(Einh.,1955,H.11, S.1064-1072)

Herber,R.: Wichtige Beiträge zur Geschichte des Kampfes der Kommunistischen Partei Deutschlands für die Befreiung des deutschen Volkes vom Hitlerfaschismus. W.Pieck, Im Kampf um die Arbeitereinheit und die deutsche Volksfront 1936-1938.Berlin 1955. (Rez.)(Einh.,1955,H.11, S.1140-1143 3

Kedrov,B.;G.Gurgenidze(Kedrow,B.;G.Gurgenidse): Für eine gründliche Ausarbeitung des philosophischen Nachlasses Lenins. (Kommunist,1955,H.14, S.45-56)

Konjušaja,R.(Konjuschaja,R.): Neue Manuskripte K.Marx'über Rußland.(Kommunist,1955,H.14, S.57-67)

Kozlov,F.(Koslow,F.): Die Beschlüsse des Juli-Plenums des ZK der KPdSU sind strikt durchzuführen.(Kommunist,1955,H.15, S.42-55)

Kozlov,V.;I.Camerjan (Koslow,W.;I.Zamerjan): Die Leninschen Grundsätze zur Lösung der nationalen Frage.(Kommunist,1955,H.16, S.83-98)

Ostmann,H.: Engels'Kampf gegen die bürgerliche Lösung der Wohnungsfrage.(NJ,1955,H.24, S.739-744)

Selektor,M.: Die Gesetzmäßigkeit der gesellschaftlichen Entwicklung und die bewußte Tätigkeit der Menschen im Sozialismus.(Kommunist,1955,H.14, S.13-29)

Vasil'ev,S.(Wassiljew,S.): Der heldenmütige Kampf der deutschen Kommunisten.O.Winzer,Zwölf Jahre Kampf gegen Faschismus und Krieg. Ein Beitrag zur Geschichte der Kommunistischen Partei Deutschlands 1933-1945. Berlin 1955.(Kommunist,1955,H.16, S.116-122) 3

2.Theorie des Staates und des Rechts

Arlt,R.: Friedrich Engels über die Lage der Bauernschaft im Kapitalismus und über die Entwicklung der Landwirtschaft unter den Bedingungen des Aufbaus des Sozialismus.(St R,1955,H.6, S.901-911. 9

Bachrach,A.;J.Marowski: Zu Fragen der Gesetzlichkeit.(N.P.,1955, H.5, S.8-21,deutsch: RID,1956,H.1, Sp.12-23)

Benjamin,H.: Die Bedeutung des Rechts für die weitere Festigung unserer Arbeiter-und-Bauern-Macht.(Dem.Aufb.,1956,H.1,S.19-20) 6

Bianchi,L.: Die Diskussion über die Bedeutung der technischen Normen in unserer Rechtsordnung.(Pr.obz.,1955,H.7, S.440-443)

1) Die nach der Fundstelle eines Artikels angegebenen Zahlen verweisen auf die Bedeutung dieses Artikels auch für andere Fachgebiete entsprechend der hier zugrundegelegten Systematik.

Büttner,H.: Wie soll die Rechtswissenschaft der Justizpraxis bei der Durchführung ihrer neuen Aufgaben helfen?(NJ,1955,H.23,S.722-724) 12

Denisov,A.I.(Denisow,A.I.):W.I.Lenin über die Rolle des Volkes und des sozialistischen Staates beim Aufbau des Kommunismus. (Sov.gos.pravo,1955,H.3, S.15-25; deutsch: RID,1956,H.1, Sp.1-12)

Gross,St.: Die ideologisch-erzieherische Arbeit der Vereinigung Polnischer Juristen (Am Vorabend der 4.Delegiertentagung).(N.P., 1955,H.12, S.3-7)

Hromada, J.: Diskussion über die sozialistische Gesetzlichkeit an der juristischen Fakultät der Comenius-Universität.(Pr.obz.,1955, H.1o, S.5o3-5o8)

Kahn,S.: Der wiedererstandene deutsche Imperialismus.(Wirtsch. Wiss.,1955,Sonderheft,S.1-17)

Kozlowski,K.: Vom sogenannten polnischen Rechtspositivismus in der zweiten Hälfte des 19.Jahrhunderts.(P.i P.,1955,H.11, S.815-824)

Luby,S.: Die Schlußfolgerungen der Konferenz über die sozialistische Gesetzlichkeit.(Pr.obz.,1955,H.1o, S.5o8-51o)

Lukaševa, E.A.(Lukaschewa,E.A.): Die Nationalräte der Volksrepublik Polen im Kampfe um die Festigung der Gesellschaftsordnung und den Aufbau der Grundlagen des Sozialismus.(Sov.gos.pravo,1955,H.7, S.26-33)

Prusa,O.: Das Sowjetrecht als Grundlage des Unterrichts im geltenden Recht.(Sov.věda,1955,H.6, S.554-56o)

Schöneburg,K.H.: Friedrich Engels und die Staatsauffassungen in der westdeutschen Sozialdemokratie.(St R,1955,H.6, S.881-9oo) 4

Sivolobov,A.(Siwolobow,A.): Die nationale Befreiungsbewegung in den Ländern Latein-Amerikas.(Mežd.žizn,1955,H.9, S.48-55)

Über die Aufgaben der Staats- und Rechtstheorie. (Pr.,1955,H.9, S.553-556)

Die Verbindung zwischen Theorie und Praxis und die Parteipropaganda.(Kommunist,1955,H.14, S.3-12) 1

Tiškevič,I.S.(Tischkewitsch,I.S.): Sind die Richtlinien des Plenums des Obersten Gerichts der UdSSR Rechtsquellen? (Sov.gos. pravo,1955,H.6, S.29-36; deutsch: RID,1956,H.1, Sp.24-32)

Venediktov,V.A.(Wenediktow,W.A.): Über die Subjekte der sozialistischen Rechtsverhältnisse.(Sov.gos.pravo,1955,H.6, S.17-28)

Vewerka,V.: Die Arbeitsberatung über die Formen des tschechoslowakischen Rechts.(Pr.,1955,H.9, S.549-553)

3.Geschichte des Staates und des Rechts

Bagmanjan,A.M.: Der Kampf der Kommunistischen Partei für das Bündnis der Arbeiterklasse mit den Mittelbauern im Jahre 1919.(Vopr. ist.,1955,H.1o, S.31-44)

Bažanov,A.T.(Bashanow,A.T.): Die Justizkommission der Pariser Kommune von 1871.(Sov.gos.pravo,1955,H.2, S.1oo-1o5; deutsch: RID,1955,H.22, Sp.646-652)

Bianchi,L.: Die klassenmäßige Zusammensetzung der Geschworenen und der Kmeten in der Slowakei während der Vormünchener Republik. (Auszug)(Právnické štúdie,1954,H.4, S.615-642;deutsch:RID,1955, H.22, Sp.621-646)

Brjunin,W.: Die Große Sozialistische Oktoberrevolution in Rußland und die deutsche Arbeiterbewegung in den Jahren 1917-1918.(WZ Halle,1954/55,H.6, S.715-728)

Fedosov,I.A.(Fedosow,I.A.): Die Verfassungsentwürfe A.W.Berdjaevs in den 40er Jahren des 19.Jahrhunderts.(Vopr.ist.,1955,H.1o, S.82-94)

Foustka, R.; J.Kejr,Zwei Studien über die huwitische Rechtswissenschaft.(Rez.)(Pr.,1955,H.9, S.569-572)

Gemkow,H.: Beratung über die Erforschung und Popularisierung der Geschichte der örtlichen Arbeiterbewegung.(Zs.Gesch.Wiss.,1955, H.5, S.779-782)

Gericke,H.: Die Wahl Heinrichs IV. Eine Studie zum deutschen Königswahlrecht.(Zs.Gesch.Wiss.,1955,H.5, S.735-749)

Die Partei der Arbeiterklasse und die Geschichtswissenschaft. Anläßlich des Beschlusses des ZK der SED "Die Verbesserung der Forschung und Lehre in der Geschichtswissenschaft der DDR". (Zs.Gesch.Wiss.,1955,H.5, S.675-684)

Die Verbesserung der Forschung und Lehre in der Geschichtswissenschaft der Deutschen Demokratischen Republik.Beschluß des ZK der SED.(Zs.Gesch.Wiss.,1955,H.4, S.5o7-527)

Ginzberg,L.I.: Die Beziehungen der reaktionären Kreise der USA und Englands zur Hitlerpartei (193o- Januar 1933).(Vopr.ist., 1955,H.2, S.1o3-111;deutsch: Sov.Wiss.GA,1955,H.6, S.834-844)

Gorski,G.: Eine neue Periodisierungsdiskussion der sowjetischen Historiker.(Zs.Gesch.Wiss.,1955,H.4, S.636-641)

Graus,F.: Die erste Krise des Feudalismus.(Zs.Gesch.Wiss.,1955, H.4, S.552-592)

Klein,F.: Das Heranreifen einer politischen Krise in Deutschland am Vorabend des 1.Weltkrieges.(Zs.Gesch.Wiss.,1955,H.4, S.593-619)

Kuczynski,J.: Die Krise des Feudalismus in Deutschland.Versuch einer theoretischen Darstellung in Anwendung auf die deutschen Verhältnisse auf Grund vor allem der Arbeiten von Friedrich Engels.(WZ Berlin,1954/55,H.2, S.95-1o6)

Kuricyn,V.M.(Kurizin,W.M.): K.A.Sofronenko, Die Gesellschaftlich-politische Ordnung in der Galitisch-Wolhynischen Ruś im 11.bis 13.Jahrhundert.Moskau 1955.(Rez.)(Sov.gos.pravo,1955,H.7, S.153-155)

Nikitin,S.: Die jahrhundertealte Verbindung der Völker der Sowjetunion und Jugoslawiens.(Mezd.žizn,1955,H.10, S.77-90)

Oertel,K.: Die Erforschung der deutschen Arbeitergeschichte im Mansfelder Land.(Zs.Gesch.Wiss.,1955,H.5, S.783-786)

Obermann,K.: Die deutsche Einheitsbewegung und die Schillerfeiern 1859.(Zs.Gesch.Wiss.,1955,H.5, S.705-734)

Paulus,G.: Die soziale Struktur der Freikorps in den ersten Monaten nach der Novemberrevolution.(Zs.Gesch.Wiss.,1955,H.5, S.685-704)

Piterskij,A.: Der Einfluß der ersten russischen Revolutipn auf die deutsche Arbeiterbewegung.(Kommunist,1955,H.14, S.114-122)

Raddatz,K.: Der Aufbau der alten Hitlerwehrmacht in Westdeutschland.(N.Weg,1955,H.23/24, S.1404-1408) 6

Schelhorn,W.: Die Tragik des 9.November 1918.(Nat.1955,H.11, S.763-775)

Schobeß,J.: Die Zwecklüge vom sozialen preußischen Königtum als ideologische Stütze des preußischen Militarismus.(Nat.1955,H.11, S.802-810)

Stern,L.: Deutschlands Geschichte im Spiegel der bürgerlichen und marxistischen Geschichtsschreibung.(Zs.Gesch.Wiss.,1955,H.4, S.528-551)

Tomkinowa,H.: Zum 120jährigen Gründungstage der Gruppen"Lud Polski" (dieser Artikel behandelt die vor 120 Jahren in Portsmouth unter dem Namen "Polnische Volk" gegründete neue politische Organisation - d.Ü.)(Nowe Drogi,1955,H.9, S.84-101)

Ugarov,I.F.(Ugarow,I.F.): Die Bolschewiki an der Spitze des politischen Generalstreiks der Arbeiter Moskaus im Oktober 1905. (Vopr.ist.,1955,H.10, S.3-17)

Vasil'ev,V.F.;G.I.Levinson.;V.S.Rudnev(Wassiljew,W.F.;G.I.Lewinson.;W.S.Rudnjew): Aus der Geschichte des Befreiungskampfes der Völker Südost-Asiens in den Jahren 1941-1945.(Vopr.ist.,1955,H.10, S.45-58)

Zboralski,D.: Quellenfunde zur neuesten Geschichte des Hohenzollernhauses.(Zs.Gesch.Wiss.,1955,H.5, S.722-774)

4.Geschichte der politischen Anschauungen

Radew,J.: Montesquieu und seine Lehre von der Teilung der Gewalten.(St R,1955,H.6, S.912-930) 2

Vachidov,Ch.P.(Wachidow,Ch.P.): Die politischen Anschauungen der Aufklärer der Völker Mittelasiens in der zweiten Hälfte des 19. Jahrhunderts.(Sov.gos.pravo,1955,H.7, S.100-108)

5.Völkerrecht und Aussenpolitik

Ambarcumov,E.(Ambarzumow,E.): Die sowjetisch-finnischen Verhältnisse des Friedens und der Freundschaft.(Mezd.zizn,1955,H.1o, S.44-54)

Arbatov,J.(Arbatow,J.): Zur Frage der Rolle der Volksmassen in den internationalen Beziehungen.(Mezd.zizn,1955,H.9, S.6o-74)

Dokumente der Genfer Außenministerkonferenz. (27.Okt.bis 4.Nov.1955) (ddz,1955,H.1o7, Sp.839o-8453)

Konferenz der Außenminister der vier Großmächte in Genf,(Chronik für die Zeit vom 27.Okt.-16.Nov.1955).(ddz,1955,H.1o7,Sp.838o-839o; H.1o8,Sp.85o4-8562)

Bakin,S.: Tag der Menschenrechte.(UN-Deklaration der Menschenrechte vor sieben Jahren)(N.Zeit,1955,H.5o, S.8-1o)

Baumgarten,A.: Der Staatsvertrag über die Beziehungen zwischen der Deutschen Demokratischen Republik und der UdSSR.(Mtbl.VDJD,1955, H.5, S.1-4) 6

Borisov,S.(Borisow,S.): Gegen die Pläne der Überprüfung der Charta der UN.(Sov.gos.pravo,1955,H.6, S.92-98)

Botschkarjow,J.: Die Aggressivität des Bagdadpakts.(N.Zeit,1955, H.5o, S.17-19)

Reise N.A.Bulganins und N.S.Chrustschows nach Indien,Birma und Afghanistan(Reden und Ansprachen).(N.Zeit,1955,H.52(Beil.),S.3-35; 1956, H.1 (Beil.), S.2-27;1956, H.2, (Beil.), S.3-32)

Guth,J.: Einige Probleme der Anerkennung von Staaten im gegenwärtigen Völkerrecht.(Pr.obz.,1955,H.11, S.515-532)

Zum Vertrag über die Beziehungen zwischen der Deutschen Demokratischen Republik und der Union der Sozialistischen Sowjetrepubliken (2o.Sept.1955).(Nat.,1955,H.1o, S.645-68o) 6

Drohla,H.: Die Kräfte des Friedens in der Offensive.Von Bandung bis Warschau: Neue machtvolle Erfolge der Völker im Friedenskampf. (Vpol.,1955,H.11, S.1-3)

Friedliche Koexistenz in Theorie und Praxis - Zu den Ansprachen N.A.Bulganins und N.S.Chrustschows in Indien.(N.Zeit,1955,H.5o, S.3-7)

Gorelik,J.(Gorjelik,J.): Ein großer Beitrag für die Sache des Friedens(Tagung der Akademie der Wissenschaften der UdSSR über die friedliche Anwendung der Atomenergie,die vom 1.bis 5.Juli 1955 stattfand.).(Mezd.zizn,1955,H.9, S.149-152)

Haupt,H.: Der Zypernkonflikt deckt die Brüchigkeit des NATO-Systems auf.(Einh.,1955,H.11, S.1128-1129)

Hofman,M.: Die europäische Sicherheit und die Deutschlandfrage. Nowe Drogi,1955,H.11, S.3-13)

Jahoda,L.: Neuerscheinungen der sowjetischen Literatur über das Völkerrecht.(Sov.věda,1955,H.6, S.561-564)

Jahoda,L.: Der Warschauer Vertrag der acht Staaten.(Sov.věda,1955, H.6, S.485-5oo)

Das Hauptproblem der gegenwärtigen internationalen Beziehungen. (Mežd.žizn,1955,H.9, S.3-14)

Im Zeichen des Friedens und der internationalen Zusammenarbeit. (Kommunist,1955,H.17, S.21-36)

Kamenev,V.;V.Knjažinskij (Kamjenjew,W.;W.Knjashinskij): Ein Versuch, die Charta der UN zu untergraben. C.M.Eichelberger, Die ersten lo Jahre der Tätigkeit der UN, New York,1955.(Rez.)(Mežd.žizn,1955, H.9, S.139-141)

Kamenev,V.;Knjažinskij,V. (Kamenew,W.;W.Knjashinskij): Notwendige Voraussetzung einer erfolgreichen Tätigkeit der UN (Über das Buch von Leland M.Goodrich,Anne P.Simons"The United Nations and the Maintenance of International Peace and Security. Washington 1955). (Mežd.žizn,1955,H.1o, S.144-147)

Kast,W.: Zum Problem der "versetzten Personen".(N.Zeit,1955,H.51, S.18-19)

Korovin,J.(Korowin,J.): Der Geist von Genf und der Geist der NATO. (N.Zeit,1955,H.44, S.3-6)

Koževnikov,F.I.;A.P.Movčan (Koshjewnikow,F.I.;A.P.Mowtschan): Die Charta der UN- die Verwirklichung der allgemein anerkannten Prinzipien des Völkerrechts.(Sov.gos.pravo,1955,H.6, S.3-7)

Lachs,M.: Der Warschauer Vertrag und das Problem der kollektiven Sicherheit in Europa.(Mežd.žizn,1955,H.1o, S.55-62)

Laponogow,I.: Die internationale Rolle der europäischen Volksdemokratien.(N.Zeit,1955,H.46, S.12-16)

Levin,L.B.(Lewin,L.B.): Was steckt hinter der Theorie des "Primats" des Völkerrechts gegenüber dem innerstaatlichen Recht? (Sov.gos. pravo,1955,H.7, S.115-12o)

Liebig,G.: Die Außenpolitik des westdeutschen Imperialismus. (N.Weg,1955,H.2o, S.1269-1273)

Logunov,V.D.(Logunow,W.D.): P.G.Fandikov, Das völkerrechtliche Regime der Donau. Moskau 1955.(Rez.).(Sov.gos.pravo,1955,H.7, S.158-16o)

Malin,S.:"Norwegen muß neutral werden".(Über das Buch "Orientering", 1953-1955.Oslo).(Mežd.žizn,1955,H.1o, S.152-154)

Malolin, S.: Über die Politik der Neutralität Schwedens.(Mežd.žizn, 1955,H.9, S.84-91)

Michajlov,R.(Michajlow,R.): Polen und die Tschechoslowakei in der Organisation der Vereinten Nationen.(Mežd.žizn,1955,H.9, S.1o4-11o)

Modožorjan,L.A.(Modoshorjan,L.A.): Die ständig neutralen Staaten und das Völkerrecht.(Sov.gos.pravo,1955, H.7, S.1o9-114)

Muszkat,M.:J.Sawicki, Von Nürnberg bis zum Pariser Abkommen (Rez.). (P.i P.,1955,H.11, S.835-837)

Niciu,M.: Der Freundschaftsvertrag der UdSSR mit der Chinesischen Volksrepublik.(J.N.,1955,H.5, S.636-652)

Nölle,W.: Zur Niederlage der Kolonialmächte in der 1o.UN-Vollversammlung.(Einh.,1955,H.12, S.1242-1244)

Petrov,F.(Petrow,F.): Die Festigung der Freundschaft und der Zusammenarbeit Polens und der Deutschen Demokratischen Republik. (Mež.žizn,1955,H.9, S.75-83)

Potocny,M.: 10 Jahre Versuche einer Revision des Einstimmigkeitsprinzips im Sicherheitsrat.(Sov.věda,1955,H.6, S.5oo-51o)

Radojnov,P.M.(Radojnow,P.M.): Die Genfer Konventionen und das Internationale Rote Kreuz.(Soc.pravo,1955,H.5, S.1-11)

Reintanz,G.: Die amerikanische "Integration Europas" nach dem zweiten Weltkrieg.(Das amerikanische Paktsystem in Europa). (WZ Halle,1954/55,H.6, S.753-794)

Reintanz,G.: Der Moskauer Vertrag.(NJ,1956,H.1, S.17-2o) 6

Reintanz,G.: Der Moskauer Staatsvertrag.(2o.Sept.1955)(WZ Halle, 1955/56,H.1, S.1-1o) 6

Šavrov,J.(Schawrow,J.): Eine wertvolle Arbeit über die tschechoslowakische Außenpolitik.W.Kabat, Die internationale Lage und die Außenpolitik der volksdemokratischen Tschechoslowakei.(Rez.)(Mežd.žizn,1955,H.9, S.136-139)

Zu den Ergebnissen der sowjetisch-afghanischen Verhandlungen.(N.Zeit,1956,H.1, (Beil.),S.27-31)

Sowjetisch-Birmanische Erklärung (6.Dez.1955).(N.Zeit,1955,H.51, (Beil.),S.5-8)

Sowjetisch-Indische Erklärung(13.Dez.1955).(N.Zeit,1955,H.51, (Beil.), S.2-4)

Die Sowjetunion und Birma. N.Zeit,1955,H.46, S.3-5)

Die Sowjetunion und Norwegen. (N.Zeit,1955,H.48, S.5-7)

Sung Tsing-ling: Eine neue Kraft im Friedenskampf.(Über die weltpolitische Rolle der Völker Asiens)(N.Zeit,1955,H.45, S.12-14)

Suslov,A.(Susslow,A.): Eine historische Notwendigkeit unserer Zeit. A.Rothstein, Die friedliche Koexistenz,London.(Rez.) (Mežd.žizn,1955,H.9, S.142-144)

Tawrow,G.: Die Pariser Abkommen im Lichte der europäischen Probleme.(N.Zeit,1955,H.44, S.6-9)

Thun,F.: Zur Entwicklung der Beziehungen zwischen der Deutschen Demokratischen Republik und der Sowjetunion. (Nat.,1955,H.11, S.754-762)

Gemeinsame Erklärung des Vorsitzenden des Ministerrats der UdSSR N.A.Bulganin und des Ministerpräsidenten der Birmanischen Union U Nu (Moskau,3.Nov.1955).(N.Zeit,1955,H.46(Beil.), S.2-3)

Aufnahme diplomatischer Beziehungen UdSSR-Bundesrepublik.(ddz, 1955,H.1o5, Sp.8195-82o4)

Vertrag über Freundschaft,Zusammenarbeit und gegenseitigen Beistand (Warschau am 14.Mai 1955; Text).(Vpol.,1955,H.11, S.4-5)

Viktorov,J.(Wiktorow,J.): Wichtige Schritte auf dem Wege zur Entspannung der internationalen Lage.(Kommunist,1955,H.14, S.84-91)

Vitanyi,B.: Die Genfer Konventionen von 1949 über den Schutz der Opfer des Krieges.(J.K.,1955,H.9, S.53o-556)

Žagladin,V.(Sagladin,W.): Die traditionelle französisch-sowjetische Zusammenarbeit und die Festigung des Friedens in Europa. (Mežd.žizn,1955,H.9, S.36-47)

6.Staatsrecht

Aleksandrov,L.A.(Aleksandrow,L.A.): Die Nationalräte der Volksrepublik Polen im Kampfe um die Festigung der Gesellschaftsordnung und des Aufbaus der Grundlagen des Sozialismus.(Sov.gos.pravo, 1955,H.7, S.26-33)

Beér,J.;I.Kovács: Das System der staatlichen Organe im sozialistischen Staat.(Állam és Igazg.,1955,H.9, S.5o6-522)

Bleich,H.: Das Verhältnis zwischen den Konsumgenossenschaften und der Arbeiter-und Bauern-Macht in der Deutschen Demokratischen Republik. (Grds.Fr.KG,1955,H.11/12, S.411-416)

Bönninger:Die Souveränität der Deutschen Demokratischen Republik und die deutsche Staatsfrage.(Forum,Wiss.Beil.,1955,H.22, S.1-16)

Die Bremer Bürgerschaftswahlen (9.Okt.1955).(ddz,1955,H.1o6, Sp.83o4)

Das Landgericht Bayreuth unterstützt das Bestreben, die politische Einheit Deutschlands wiederherzustellen.(NJ,1955,H.24, S.756-757) 15

Filip,Z.: Die Nationalausschüsse als örtliche Organe der Staatsgewalt.(Soc.zk.,1955,H.9, S.517-522) 7

Frankenberg,E.von: Staat und Armee.(Dem.Aufb.,1955,H.16,S.413-416)

Gerats,H.: Das Urteil des Bundesgerichtshofs gegen Angenfort und Seiffert - eine Gefahr für die demokratischen Rechte und Freiheiten der Bürger.(NJ,1955,H.23, S.726-729) 1o

Guliev,A.B.(Gulijew,A.B.): Die Lösung der Nationalitätenfrage in der Rumänischen Volksrepublik.(Sov.gos.pravo,1955,H.6, S.99-1o2)

Haupt,L.: Zwei Verträge - Ausdruck zweier gesellschaftlicher Systeme mit entgegengesetztem Klassencharakter.(Dem.Aufb.,1955,H.18, S.46o-461; H.19, S.484-485)

Hess,P.: Das Bonner"Landwirtschaftsgesetz"und die kapitalistische Agrarstruktur in Westdeutschland.(Wirtsch.Wiss,1955,Sonderheft, S.87-111)

Jampol'skaja,C.A.;G.V.Nečitailo (Jampolskaja,Z.A.;G.W.Netschitailo): W.I.Popowa, Die sozialistische Gesetzlichkeit in der Tätigkeit der örtlichen Sowjets der Deputierten der Werktätigen. Moskau 1954. (Rez.)(Sov.gos.pravo,1954,H.7, S.149-153)

Kim Tchjak En:Die Koreanische Volksrepublik - ein Staat der Volksdemokratie.(Sov.gos.pravo,1955,H.6, S.72-79)

Klinger,G.:Zur Aufhebung der Kontrollratsbestimmungen auf dem Gebiet der Deutschen Demokratischen Republik.(Dem.Aufb.,1956,H.1, S.21-22)

Kolomaznik,V.: Die Massenarbeit der örtlichen Sowjets.(Sov.věda, 1955,H.6, S.541-546)

Kondrašov,V.(Kondraschow,W.): Birma,ein Land im Aufbau.(N.Zeit, 1955,H.49, S.11-14)

Kraushaar,A.: Die Mitarbeit der Schöffen bei der Festigung der Staats- und Rechtsordnung der Deutschen Demokratischen Republik. (Schöffe,1955,H.12, S.355-356) 12

Das militärische Kriegspotential Westdeutschlands (XIX) (Quellenmaterial)(ddz,1955,H.1o6, Sp.8348-8353)

Kurov,A.(Kurow,A.): Frankreich vor den Parlamentswahlen.(N.Zeit, 1955,H.51, S.13-17)

Lai Schieh-Hiung.: Die Rechte der Frau im neuen China.(Mtbl.VDJD, 1955,H.5, S.4-1o)

Larin,V.(Larin,W.): Das Volk Kameruns im Kampf um Vereinigung und Unabhängigkeit seines Landes.(Mežd.žizn,1955,H.1o, S.91-98)

Litera,J.: Für den weiteren Aufbau des Sozialismus auf dem Dorfe. (Soudce z lidu,1955,H.7/8, S.97-114)

Mchitarjan,S.: Zehn Jahre demokratische Republik Vietnam.(Vopr. ekon.,1955,H.9, S.69-81)

Melnikow,D.: Ein gangbarer Weg zur Lösung des deutschen Problems. (N.Zeit,1955,H.48, S.11-14)

Mertins,H.: Die Demokratische Bodenreform,eine nationale Notwendigkeit.(Nat.,1955,H.1o, S.685-696) 9

Mückenberger,E.: Zehn Jahre Bodenreform.(Wirtsch.Wiss.,1955,H.5, S.6o9-625) 9

Nikolaev,G.(Nikolajew,G.):Elf Jahre freies Albanien.(N.Zeit,1955, H.49,S.9-11)

Fuls,F.: Kollektive Sicherheit und die Wiedervereinigung Deutschlands.(Einh.,1955,H.12, S.1245-1249(

Reisner,I.;R.Achramowitsch:Unser Nachbar Afghanistan.(N.Zeit,1955, H.47, S.6-9)

Schlage,H.: Das bulgarische Volk auf dem Wege zum Sozialismus. (N.Weg,1955,H.19, S.12o2-12o6)

Schnitzler,H.: Die Abgeordnetengruppen sind ein Ausdruck der Demokratie in unserem Staat der Arbeiter und Bauern.(Dem.Aufb.,1955, H.18, S.461-464)

Sevrikov,K.;Syrcov,M.(Sewrikow,K.;M.Syrzow): W.I.Lenin über die Arbeit des sowjetischen Staatsapparates.(Dem.Aufb.,1955,H.17, S.45o-453) 7

Slepov,L.(Slepow,L.): Ein ruhmreiches Jubiläum.(1o.Jahrestag der Föderativen Volksrepublik Jugoslawien)(N.Zeit,1955,H.49,S.6-8)

Erste Lesung des Soldatengesetzes im Bundestag(12.Okt.1955). (ddz,1955,H.1o6,Sp.8296-83o1)

Toeplitz,H.: Moskauer Staatsvertrag und Aufgaben der Justiz. (Schöffe,1955,H.11, S.321-325)

Ventura,L.: Demokratische Freiheiten und Gesetzlichkeit in Italien. (Mtbl.VDJD,1955,H.5, S.1o-19) 2

Neujahrserklärungen K.J.Woroschilows und N.A.Bulganins.(N.Zeit, 1956,H.2,(Beil.),S.3-8)

7.Verwaltungsrecht

Beljajeva,Z.S.(Beljajewa,S.S.): Die rechtlichen Formen und Methoden der staatlichen Leitung der Kolchosen.(Sov.gos.pravo,1955, H.7, S.3-13)

Broniewicz,W.: Über die Frage der Berufung und der Abberufung des Direktors eines staatlichen Betriebes.(N.P.,1955,H.11, S.62-7o)

Büchner-Uhder,W.: Das Disziplinarrecht der Bundesrepublik - ein Mittel zur Faschisierung des Staatsapparates in Westdeutschland. (Dem.Aufb.,1955,H.17, S.449)

Direktoren sowjetischer Betriebe erhalten weitgehende Rechte. (DFW,1955,H.24, S.1o32-1o34) 8

Graczyk,B.:E.Iserzon;J.Starościak;W.Dawidowicz,Die Hauptaufgaben des Verwaltungsverfahrens.(Rez.)(P.i P.,1955,H.1o,S.658-666)

Gutjahr,K.-A.: Die Rolle der MTS beim Aufbau der sozialistischen Landwirtschaft.(N.Weg, 1955,H.23/24, S.14o9-1414)

Hromada,J.: Die neue Verwaltungsordnung.(Pr.obz.,1955,H.1o,S.449-455)

Jestrab,M.: Das neue Gesetz über die Volksgenossenschaften und Genossenschaftsorganisationen.(Pr.,1955,H.9, S.53o-54o)

Köppe,W.: Mehr Beachtung den Beschwerden der Werktätigen.(Grds.Fr. KG,1955,H.1o, S.386-392)

Kostennikov,V.(Kostennikow,W.): Über die Einteilung der UdSSR in Wirtschaftsrayons und die durchgängige Entwicklung der Wirtschaft der Wirtschaftsrayons der UdSSR. (Kommunist,1955, H.14, S.30-44)

Lakatoš,M.: Die Regierungsverordnung als Rechtsform.(Pr.obz.,1955, H.10, S.479-487)

Lakatoš,M.: Die Verordnung der Nationalausschüsse als Rechtsform. (Pr.,1955,H.8, S.471-476; deutsch: RID,1955,H.24, S.700-706)

Litwin,J.: Die Reform des Personenstandsrechts, ihr Umfang und ihre Genesis.(N.P.,1955,H.11, S.6-26) 15

Maron,K.: Die Deutsche Volkspolizei - ein starkes und schlagkräftiges Instrument unseres Arbeiter- und Bauern-Staates.(Vpol.,1955, H.13, S.5-6)

Mišutin,A.N.;I.A.Kalenow:Die sozialistische Gesetzlichkeit ist allseitig zu festigen und die Aufsicht des Staatsanwalts über die strenge Einhaltung der Gesetzlichkeit ist zu verbessern.(Sov.gos. pravo,1955,H.3; tschech: Soc.zak.,1955,H.7, S.385-394)

Mückenberger,E.: Noch mehr Aufmerksamkeit dem Schutz der landwirtschaftlichen Produktion.(Vpol.,1955,H.13, S.9-11)

Mückenberger,E.: Zu den Beschlüssen des 25.Plenums auf dem Gebiete der Landwirtschaft.(N.Weg,1955,H.21/22, S.1291-1295) 9

Über die Kollegialität in der Arbeit der Nationalräte.(Rada Nar., 1953,H.18, S.4-7; deutsch: RID,1955,H.24, Sp.686-691)

Naumann,E.: Die Arbeit der Gemeindevertretungen weiterentwickeln. (Dem.Aufb.,1955,H.18, S.470-472)

Pákai,B.: Die in der Praxis in Erscheinung tretenden Probleme der doppelten Unterstellung bei den Staatsverwaltungsorganen der Stadträte und der Bezirksräte der Hauptstadt.(Állam és Igazg.,1955,H.9, S.523-533)

Panýrek,J.: Die Grundsätze des neuen Verfahrens in Verwaltungssachen.(Soc.zák.,1955,H.8, S.467-475)

Pipek,J.: Die systematische Aufsicht der Staatsanwaltschaft. (Soc.zák.,1955,H.8, S.460-466)

Pipek,J.: Einige Erfahrungen aus der bisherigen Arbeit der Staatsanwaltschaft in der allgemeinen Aufsicht.(Soc.zák.,1955,H.9, S.523-541)

Plenikowski,A.: Die Aufgaben des Staatsapparates bei der erfolgreichen Verwirklichung des Beschlusses der 25.Tagung des Zentralkomitees.(Einh.,1955,H.12, S.1164-1171)

Podlaski,H.: Bemerkungen über die allgemeine Aufsicht der Staatsanwaltschaft der Volksrepublik Polen.(N.P.,1955,H.10, S.23-35)

Posselt,F.: Die Einführung der sozialistischen Arbeitsorganisation und die Anwendung des Leistungsprinzips in den LPG mehr beachten.(Dem.Aufb.,1955,H.17, S.442-444) 9

Rost,R.: Die neuen Aufgaben des Staatsapparates.(Dem.Aufb.,1955, H.18, S.458-46o) 7

Rost,R.: Stärkung der Räte der Gemeinden.(Dem.Aufb.,1956,H.1, S.4-6)

Schönherr,H.: Arbeitsmethoden auf dem Gebiet der Allgemeinen Aufsicht.(NJ,1955,H.23, S.731-732)

Schultz,W.;R.Wunsch:Fragen der Allgemeinen Aufsicht des Staatsanwalts.(NJ,1955,H.23, S.719-722)

Sorokin,V.D.;J.E.Šmeljev(Sorokin,W.D.;J.E.Schmeljew): Kollegialität und Einzelleitung in der Arbeit des sowjetischen Staatsapparates.(Sov.gos.pravo,1955,H.6, S.8-16; deutsch: RID,1955,H.24, Sp.677-686)

Die staatliche Leitung nicht nur im Kreise Döbeln verbessern. (Dem.Aufb.,1955,H.19, S.486-489)

Aus den Erfahrungen der leitenden Organe der Staatsanwaltschaft der UdSSR.(J,N,1955,H.5, S.627-635)

Steinig:Ein Vorschlag zur Struktur der Abteilung Finanzen eines Kreises.(DFW,1955,H.21, S.894-895) 8

Streit,J.: Die gewissenhafte Beachtung der Vorschläge und Beschwerden der Werktätigen als Methode des Kampfes gegen den Bürokratismus in der staatlichen Verwaltung.(Dem.Aufb.,1955,H.19, S.49o-494)

Tomsová,I.:Die Stellung der Staatlichen Kontrolle im Staatsapparat.(Pr.,1955,H.7, S.395-4o3; deutsch: RID,1955,H.24, Sp.691-699)

Trieglaff,H.-J.: Die westdeutsche Polizei - eine korrupte Knüppelgarde im Dienste der Schlotbarone und Junker.(Vpol.,1955,H.12, S.31-33)

Ulbricht,W.: Zum 10.Jahrestag der Gründung der Deutschen Volkspolizei.(Vpol.,1955,H.12, S.1-8)

Vasil'jev,V.S.(Wassiljew,W.S.): Die Berichte der Deputierten der örtlichen Sowjets an die Wähler.(Sov.gos.pravo,1955,H.7, S.121-126)

Werner,K.-H.: Die Abgeordnetengruppen - eine neue Tätigkeitsform der Volkskammerabgeordneten.(Dem.Aufb.,1955,H.17, S.453-454) 6

Zalán,K.: Aufgaben der Stadt- und Gemeindeverwaltung und die mit ihrem Wirkungsbereich zusammenhängenden Probleme.(Állam és Igazg., 1955,H.9, S.534-548)

Zarajczyk,A.;A.Wendel: Die Sorge um die Verbesserung der Arbeit der Nationalräte.(Nowe Drogi,1955,H.11, S.14-27)

8.Finanzrecht

Beyersdorff,W.;A.Hempel:Das Londoner Schuldenabkommen - eine typische Form imperialistischer Ausbeutung.(DFW,1955,H.23,S.984-987)

Dewey,Ch.: Die ökonomische und politische Rolle des Wechselstubenkurses.(Teil 1.)(DFW,1955,H.22, S.942-944; H.23,S.987-99o;H.24,S.1o4o-1o43)

Fischer,R.: Der westdeutsche Haushalt 1955 im Zeichen der Pariser Verträge.(DFW,1955,H.21, S.891-894; H.22, S.94o-942)

Die Anwendung der Gesetze der Geldzirkulation bei der Planung des Geldumlaufs in der Deutschen Demokratischen Republik.(DFW,1955, H.2o, S.846-849)

Georgino,W.: Zur Aufstellung des Staatshaushaltsplanes 1956.(DFW, 1955,H.2o, S.842-844)

Kolganov,M.(Kolganow,M.): Über die Methodik der Berechnung des Nationaleinkommens der USA.(Vopr.ekon.,1955,H.11, S.96-113)

Opitz,G.: Ist der Hauptbuchhalter bereits staatlicher Kontrolleur im Betrieb? (DFW,1955,H.22, S.931-932)

Reichert,W.:L.I.Frei, Die heutigen Banksysteme Englands,der USA und Frankreichs.(Rez.)Berlin 1955.(Ahdl.,1955,H.22, S.719)

Rzesnitzek,F.: Die KPdSU in Resolutionen und Beschlüssen der Parteitage,Konferenzen und Plenartagungen des Zentralkomitees zu Fragen der Finanzierung des Staatshaushalts.(WZ Halle,1955/56,H.1, S.21-34)

Terentjew,N.: Aus der Arbeit eines Inspektors für die Finanzierung der Volkswirtschaft.(DFW,1955,H.21, S.888-889)

9.Kolchosrecht,Bodenrecht,Landwirtschaftliche Produktionsgenossenschaften

Beyer,W.: Betriebsvergleich in LPG.(Dt.Ldwi.,1955,H.11, S.522-526; H.12, S.583-588)

Dembo,L.I.: Das Kolchosrecht in dem System des sozialistischen Sowjetrechts in der gegenwärtigen Etappe.(Sov.gos.pravo,1955,H.3, S.54-65; deutsch: RID,1955,H.23, Sp.653-666)

Dermendžiev,I.S.(Dermendshiew,I.S.): Der Rechtsschutz für das landwirtschaftliche,sozialistische Eigentum in der UdSSR. (Soc.pravo,1955,H.6, S.37-4o)

Drozdowicz,J.: Einige Bemerkungen über die einfachen Formen der Genossenschaften auf dem Lande.(Nowe Drogi,1955,H.9, S.8o-83) 9

Einige Randbemerkungen zur Einordnung der Hilfs- sowie Aufarbeitungsbetriebe der landwirtschaftlichen Produktionsgenossenschaften. (Állam és Igazg.,1955,H.9, S.562-564)

Die Anwendung des Prinzips der materiellen Interessengemeinschaft in den landwirtschaftlichen Kollektivwirtschaften. (Lupta de Clasă, 1955,H.8, S.[illegible])

Michajlov,V.:(Michajlow,W.): Der Kampf der Kommunistischen Partei der CSR um das weitere Wachstum und die Festigung der einheitlichen landwirtschaftlichen Genossenschaften.(Kommunist,1955,H.16,S.99-11o)

Rietscher,J.;H.Kern;O.Jäckel: Die Aufgaben der Justizorgane bei der Festigung der Landwirtschaftlichen Produktionsgenossenschaften. (NJ,1955,H.22, S.68o-682) lo

Rolenc,V.: Die Musterstatuten der Landwirtschaftlichen Einheitsgenossenschaften - das Grundgesetz des genossenschaftlichen Lebens. (Soudc z lidu,1955,H.11, S.164-167)

Serea,I.: Über die Verhältnisse des Bodeneigentums in unserer Volksrepublik.(J.K.,1955,H.1o, S.595-6o8)

Volkov,A.I.(Wolkow,A.I.): Einige Fragen der rechtlichen Regelung der kollektivwirtschaftlichen Fonds.(Sov.gos.pravo,1954,H.3, S.43-53; deutsch: RID,1955,H.23, Sp.666-676)

lo.Strafrecht,Strafprozeß

Albert,H.: Republikflucht ist Verrat am deutschen Volk.Abwerber sind Feinde unserer Arbeiter- und- Bauern-Macht.(Vpol.,1956,H.1,S.11-12)

Andrejew,I.: Ein Beitrag zur Frage der Dreiteilung der Verbrechen. (P.i P.,1955,H.12, S.885-9o1)

Andrejew,I.: A.Gubinski, Die sozialistische Arbeitsdisziplin im Strafrecht.(Rez.).(N.P.,1955,H.12, S.86-91) 17

Benjamin,M.: Zu einigen Fragen der Schuld.(NJ,1956,H.1, S.16)

Buchala,K.: Verschiedene Fragen im Zusammenhang mit dem Art.65 der Strafprozeßordnung.(N.P.,1955,H.12, S.56-63)

Buchholz,E.: Zur Teilnahme beim schweren Fall nach § 11 WStVO. (NJ,1956,H.1, S.14-15)

Burda,J.: Einige Bemerkungen zur Auslegung des Tatbestandes des Verbrechens der Verletzung einer Vorschrift und Anordnung nach § 281 Abs.1 u.2 StGB.(Pr.obz.,1955,H.11, S.558-56o)

Cieślak,M.: Hauptprobleme der Protokolle im Zivil- und im Strafprozeß.(P.i P.,1955,H.1o, S.585-613)

Croitoru,T.: Einige mit den am 14.Juni 1955 in der StPO der Rumänischen Volksrepublik vorgenommenen Abänderungen im Zusammenhang stehende Fragen.(J.N.,1955,H.5, S.67o-674)

Dionisiev,Ch.;Ch.Lalov (Dionisiew,Ch.;Ch.Lalow): Einige Fragen aus der Arbeit des Gerichts und der Staatsanwaltschaft im Zusammenhang mit der Landwirtschaft.(Soc.pravo,1955,H.5, S.12-23) 9

Filipovský;Kepák;Tibitanzl:Einige Bemerkungen zum Lehrbuch des sowjetischen Strafrechts (Allgemeiner Teil).(Pr.,1955,H.9, S.56o-569)

Flatau,A.;Kowalska:Sicherungsmaßnahmen und die Typologie der Verbrechen nach dem Strafgesetzbuch aus dem Jahre 1932.(P.i P.,1955, H.11, S.755-777)

Gerats,H.: Das Urteil des Bundesgerichtshofs gegen Angenfort und Seiffert - eine Gefahr für die demokratischen Rechte und Freiheiten der Bürger.(NJ,1955,H.22, S.692-695) 6

Golunskij,S.A.: Über die Beweiswürdigung im sowjetischen Strafprozeß.(Sov.gos.pravo,1955,H.7, S.7o-79)

Gutekunst,W.: Die Wegnahme als eine Art der Aneignung gesellschaftlichen Eigentums.(N.P.,1955,H.1o, S.49-63)

Hatala,V.: Zur Frage der Konkurrenz zwischen Verbrechen und Übertretung.(Pr.obz,1955,H.7, S.434-436)

Herrmann,R.: Bedeutung,Inhalt und Form der Anklageschrift in der Deutschen Demokratischen Republik.(WZ Halle,1954/55,H.6, S.795-8o4)

Jancusek,V.: Zur Problematik der konterrevolutionären Verbrechen. (Schluß)(Sov.věda,1955,H.6, S.526-54o)

Karpinski,Z.;H.Kopczyk: Verschiedene Fragen des Alkoholmißbrauchs auf der Grundlage des Strafrechts und der Gerichtsmedizin.(P.i P., 1955,H.12, S.979-991)

Kluge,E.: Über die Tätigkeit des Schiedsmanns.(Schöffe,1955,H.11, S.326-331)

Komachidze,M.Ch.(Komachidse,M.Ch.): Über das Subjekt von Eigentumsverbrechen.(Sov.gos.pravo,1955,H.6, S.66-71)

Arbeitsentschließungen der Konferenz der Richter und Staatsanwälte. 1.Schutz der Grundlagen unseres Staates. 2.Schutz des Volkseigentums. 3.Schutz der Grundlagen des Sozialismus auf dem Lande.(NJ, 1956,H.1, S.8-11)

Der Spruch von Ansbach (Kriegsverbrechen).(Weltb.,1955,H.44, S. 1387-139o)

Ansteigen der Kriminalität.(ddz,1955,H.1o6, Sp.8312)

Lekschas,J.: Zu einigen Fragen der "Schuld".(NJ,1955,H.22, S.687-692)

Lernell,L.: Über den Inhalt und den Umfang des Begriffs "Plünderung gesellschaftlichen Eigentums".(P.i P.,1955,H.11, S.728-754)

Ljapčev,B.(Ljaptschew,B.): Über die Maßnahmen zur Verhinderung der Flucht des Verdächtigen,Beschuldigten und Angeklagten.(Soc. pravo,1955,H.6, S.25-29)

Löwenthal:Ein Agentenhilfsgesetz.(Mtbl.VDJD,1955,H.6, S.18-2o)

Löwenthal,H.;H.Schellbach:Bemerkungen zur Öffentlichkeit des gerichtlichen Strafverfahrens.(NJ,1955,H.22,S.685-687)

Lukacs,L.: Über den Begriff der Amtsperson im Strafrecht "de lege ferenda".(J.K.,1955,H.9, S.556-568)

Mikos,J.;Z.Syrek: Betrachtungen über das Delikt "Rowdytum" nach dem Entwurf des Strafgesetzbuches der Volksrepublik Polen. (N.P.,1955,H.1o, S.77-81)

Mirkov,D.(Mirkow,D.): Kompetenzgrenzen der Gerichte bezüglich der verminderten Verantwortlichkeit - § 13, II des Erlasses über die Finanzkontrolle.(Soc.pravo,1955,H.5, S.47-52) 8

Neumann,H.:Zwei Fragen der Rechtsprechung zum Schutze des Volkseigentums.(NJ,1955,H.22, S.700)

Nowacki,J.: Die Feststellung der faktischen Grundlage des Urteils nach Art.339 der Strafprozeßordnung.(N.P.,1955,H.12, S.81-85)

Panzer,R.: Die strafrechtliche Bedeutung des § 9 des westdeutschen Soldatengesetzentwurfes.(Mtbl.VDJD,1955,H.6, S.10-16)

Petrov,I.: (Petrow,I.): Das Strafrecht im Kampf für die Festigung der Familienverhältnisse.(Soc.pravo, 1955,H.7, S.14-24)

Polacek,F.: Der Tatbestand des Verbrechens und die Gesellschaftsgefährlichkeit der Handlung.(Pr.obz.,1955,H.11, S.547-554)

Polášek,Z.: Das Anklageprinzip im Strafprozeß.(Pr.,1955,H.10, S.618-622)

Provaznik,V.;G.Prenosil: Der Schutz des sozialistischen Eigentums im tschechoslowakischen Recht.(Soudce z lidu,1955,H.11,S.155-164)
14

Raškovskaja,Š.S.(Raschkowskaja,Sch.S.): Zur Frage des Grades der Schuld.(Sov.gos.pravo, 1955,H.6, S.58-65)

Rolenc,O.: Einige Bemerkungen zum Adhäsionsverfahren.(Soc.zák., 1955,H.9, S.541-549)

Savickij,M.J.(Savizkij,M.J.): Die Aufgaben und Grundsätze des Verteidigers im sowjetischen Strafprozeß.(Sov.gos.pravo,1955,H.7, S.92-99)

Sawicki,J.: Das Rowdytum im Strafrecht Volkspolens.(P i P.,1955, H.10, S.515-543)

Schaff,L.: Die Übernahme der Anklage durch den Staatsanwalt im Privatklageverfahren.(N.P.,1955,H.12, S.39-55)

Schubert,L.: Zur Frage des Verschuldens beim Versuch.(Pr.obz., 1955,H.7, S.412-419)

Sergejeva,T.L.(Sergejewa,T.L.): Die Verantwortlichkeit für verbrecherische Fahrlässigkeit.(Sov.gos.pravo, 1955,H.7, S.80-91)

Skuppin,H.;R.Winkler:Ursachen der Verbrechen gegen Volkseigentum und Methoden ihrer Bekämpfung.(NJ,1955,H.23, S.729-730)

Slavov,S.(Slawow,S.): Die Zivilklage in Strafverfahren wegen finanzieller Haftpflicht (Anrechnung) bei Freispruch.(Soc.pravo, 1955,H.6, S.1-13)

Stiller,G.: Die erzieherische Wirkung des Strafverfahrens.Zur Vorbereitung,Durchführung und Auswertung der Hauptverhandlung erster Instanz.(NJ,1955,H.22, S.682-685)

Szerer,M.: Wie soll man ein Strafgesetzbuch schreiben? (N.P.,1955, H.12, S.23-38)

Tibitanzl,K.: Zur Frage der legislativen Beseitigung einiger schädlicher Folgen des Anklageprinzips in unserer Strafprozeßordnung. (Pr.,1955,H.10, S.622-624)

Die Verantwortlichkeit für Verkehrsverbrechen im sowjetischen Strafrecht.(NJ,1955,H.24, S.755-756)

Vrána,M.: Die Ermittlungen bei Entwendungen und Schädigungen gesellschaftlichen Vermögens,insbesondere bei Fehlbeträgen. (Soudce z lidu,1955,H.9, S.133-136; H.1o, S.147-152)

Vybiral,R.: L.Schubert, Die gesellschaftsgefährliche Handlung als Grundbedingung des Verbrechens.(Rez.)(Pr.obz.,1955,H.1o, S.487-497)

Wolter,W.: Die Grenzen der theoretischen Neutralisierung des Strafgesetzes.(N.P.,1955,H.12, S.65-68)

Zakrzewski,P.: Art.79 der polnischen Strafprozeßordnung (Diskussion über Fragen der Kodifizierung).(N.P.,1955,H.11, S.74-8o)

Ziegler,W.: Verbrechen gegen die Deutsche Demokratische Republik. (NJ,1955,H.22, S.677-679)

Zverdling,I.: Kurze Bemerkungen zur Kassationsbeschwerde in Strafsachen nach dem Erlaß 227/1955.(J.N.,1955,H.5, S.675-678)

11.Kriminalistik,gerichtliche Medizin

Keine Eingänge

12.Gerichtsverfassung (einschließlich Notariat und Anwaltschaft)

Bavorský,J.:Die Neuregelung des staatlichen Notariatswesens.(Pr. obz.,1955,H.7, S.4o7-412)

Böhme,F.;G.Krüger:Die Arbeit der Instrukteurbrigaden bei (Gerichts-) Revisionen verbessern! (NJ,1956,H.1, S.11-14)

Grzyb,J.: Um ein höheres Niveau und eine größere Autorität der vergesellschafteten Advokatur.(N.P.,1955,H.1o, S.71-75)

Jackowski,T.: Einige Fragen der Advokatur.(N.P.,1955,H.1o, S.64-71)

Jäckel,O.: "Die Parteiarbeit an sich" in den Justizorganen.(N.Weg, 1955,H.21-22, S.1314-1318)

Das 25.Plenum des ZK der SED und die Arbeit der Organe der Justiz. Bericht über die Arbeitstagung im Ministerium der Justiz.(NJ,1955, H.22, S.675-676)

Kleeis,F.: Zur Amtsdauer der Schöffen.(Schöffe,1955,H.11, S.346-348)

Auf dem Wege zur Leipziger Konferenz.(NJ,1955,H.23, S.7o7-7o8)

Die Leipziger Konferenz der Richter und Staatsanwälte.(17.-18.Dez. 1955) Ein erster Bericht. (NJ,1956,H.1, S.2-7)

Lipiński,K.:Die Anwendung des Art.2o7 der polnischen Zivilprozeßordnung in Verbindung mit dem Erlaß betr.die Übertragung verschiedener gerichtlicher Tätigkeiten an die Notariatsbüros.(N.P.,1955, H.1o, S.82-84)

Pawlowicz,J.: Der Zuständigkeitsbereich der staatlichen Notariatsbüros in Erbschaftsangelegenheiten (Fragen de lege ferenda).(N.P., 1955,H.11, S.83-86)

Schumann,K.: Die erzieherischen Aufgaben des Obersten Gerichts in der gegenwärtigen Lage.(NJ,1955,H.23, S.708-712)

Windisch,G.;W.Pfifferling.;F.Paulahn.:Aus der Tätigkeit der Kommissionen zur Vorbereitung der Leipziger Konferenz.(NJ,1955,H.24, S.750-755)

13.Vertragssystem,Arbitrage

Dvonc,F.: Der Arbitrage - Zahlungsbefehl.(Pr.obz.,H.11, S.545-547)

Hauser,G.: Das Vertragswesen muß die wirtschaftliche Rechnungsführung durchsetzen und festigen helfen.(DFW,1955,H.24, S.1048-1049)

Hemmerling,J.;G.Jahn:Die Bedeutung des Vertragssystems für die erfolgreiche Erfüllung unserer Volkswirtschaftspläne. (Einh.,1955, H.12, S.1196-1204)

Pflicke,G.: Die Auswirkungen der Vereinfachung der Planung in der volkseigenen Industrie auf das Allgemeine Vertragssystem. (St.R,1955,H.6, S.931-948)

Ruziczka,H.: Das Vertragswesen in den BHG und seine Mängel.(DFW, 1955,H.21, S.913-914)

Spisiak,J.: Die neue rechtliche Regelung der Wirtschaftsverträge. (Pr.obz.,1955,H.10, S.456-468)

Aus der Praxis des Staatlichen Vertragsgerichts beim Ministerrat. (Soc.pravo,1955,H.7, S.74-80)

Tyczka,M.: Der Lauf des Arbitrageverfahrens.(P.i P.,1955,H.10, S.558-584)

Virsik,A.: Die Novellierung der Bekanntmachung über die Wirtschaftsverträge und die Lieferung und Abnahme von Erzeugnissen.(Pr.obz., 1955,H.7, S.399-407)

14.Zivilrecht,Zivilprozeß

Arlt,E.: Der Nachbau von technischen Erfindungen.(EuV,1955,H.20, S.467-469)

Arlt,E.: Die Schutzdauer von Patenten und das Erlöschen des Patentschutzes im In- und Ausland.(EuV,1955,H.18, S.422-424)

Avramov,L.(Awramow,L.): Der Autorenvertrag.(Der Vertrag über einen Literaturauftrag)(Soc.pravo, 1955,H.5, S.24-35)

Biely,K.: Die Beweislast bei Schadensersatzansprüchen aus der Verletzung von Vertragspflichten.(Pr.obz.,1955,H.7, S.419-426)

Biserov,D.(Biserow,D.): Die rechtliche Natur der Beziehungen,die durch das Mietgesetz hervorgerufen werden,(Soc.pravo,1955,H.6, S.3o-36)

Breyer,St.: Zivilrechtliche Aspekte der Übertragung von Grundstücken zur Bewirtschaftung.(P.i P.,1955, H.12, S.965-978)

Buczkowski,S.: Verrechnungen zwischen den Betrieben der vergesellschafteten Wirtschaft unter juristischen Aspekten.(P.i P.,1955, H.11, S.715-726)

Chelmoński,A.:S.Szer, Zivilrecht,Allgemeiner Teil.(Rez.).(P.i P., 1955,H.12, S.1oo3-1oo8)

Christov,N.(Christow,N.): Über die Ausarbeitung der Zivilprozeßordnung der Volksrepublik Bulgarien.(Soc.pravo,1955,H.6, S.5o-54)

Cieślak,M.: Hauptprobleme der Protokolle im Zivil- und im Strafprozeß.(P.i P.,1955,H.1o, S.585-613)

Genkin,D.M.(Gjenkin,D.M.): W.Knapp, Das Eigentum in den Ländern der Volksdemokratie.Moskau 1954.(Rez.)(Sov.gos.pravo, 1955,H.6, S.128-133)

Grave,K.A.(Grawe,K.A.): R.O.Chalfina, Das persönliche Eigentumsrecht der Bürger der UdSSR. Moskau 1955,(Rez.)(Sov.gos.pravo, 1955, H.6, S.117-119)

Haid,B.;H.Rose: Zu einigen aktuellen Fragen des sozialistischen Eigentums.(NJ,1955,H.23, S.712-719)

Knapp,V.: Das Eigentum in den Ländern der Volksdemokratie. Diskussion über das Buch in der gemeinsamen Sitzung des Lehrstuhls Zivilrecht der Staatlichen Moskauer Universität und des Sektors Zivilrecht beim Rechtsinstitut der Akademie der Wissenschaften der UdSSR.(Sov.gos.pravo, 1955,H.6, S.133-136)

Knapp,V.: Einige aktuelle Fragen des Zivilrechts in der Tschechoslowakischen Republik.(Sov.gos.pravo,1955,H.7, S.34-45)

Konkurse widerlegen "Wirtschaftswunder".(ddz,1955,H.1o6, Sp.8314-8317)

Kopera,J.: Über die Verbesserung der Verhandlung in Zivilprozessen.(N.P.,1955,H.12, S.78-8o)

Kruschke,D.: Über die neue Lohnpfändungsverordnung.(A.u.S.,1955, H.23, S.725-727)

Markenschutz in Brasilien.(EuV,1955,H.2o, S.469-47o)

Markenschutz in Chile.(EuV,1955,H.21, S.493-497)

Markenschutz in Mexiko.(EuV,1955,H.18, S.427-428)

Markenschutz in Norwegen.(EuV,1955,H.19, S.447-448)

Mozolin,V.P.(Mosolin,W.P.): Über das zivilprozessuale Rechtsverhältnis.(Sov.gos.pravo,1955,H.6, S.5o-57)

Nagy, L.: Die Unbegründetheit des Gerichtsurteils der ersten Instanz. (J.K., 1955, H.10, S.608-619)

Nizsalovszky, E.: Die Lehren einer Forschungsreise vom Standpunkt des Zivil- und Familienrechts und der wissenschaftlichen Organisation (betr.: DDR). (J.K., 1955, H.9, S.569-581)

Patentanmeldungen in Norwegen. (EuV, 1955, H.19, S.450-452; H.20, S.472-475; H.21, S.498-501)

(Die eidesstaatliche Erklärung gemäß § 5 Abs.2 des Patentgesetzes. (EuV, 1955, H.21, S.491-493)

Popov, L. (Popow, L.): Die zivilrechtliche Verantwortlichkeit bei Nichterfüllung der vertraglichen Verpflichtungen zwischen den MTS und LPG. (Soc.pravo, 1955, H.6, S.14-24)

Ribbe, W.: Das Teilzahlungsgeschäft in Westdeutschland - ein Zeichen der absoluten Verelendung der westdeutschen Arbeiter. (Arb., 1955, H.12, S.826-831)

Riha, J.: Boura, F., Die Beweisführung nach der Zivilprozeßordnung. (Rez.) (Pr.1955, H.9, S.557-559)

Schakat, H.: Die Notwendigkeit der Durchführung von (Patent-) Anmeldungen außerhalb der Deutschen Demokratischen Republik. (EuV, 1955, H.17, S.397-399)

Schellenberger, M.: Die Funktion der Preisbindung der zweiten Hand im Rahmen der westdeutschen Kartellpolitik. (St R, 1955, H.6, S.969-987)

Serebrovskij, V.I. (Serebrowskij, W.I.): Das Autorenrecht und die Erbfolge. (Sov.gos.pravo, 1955, H.6, S.37-49)

Smrsch, H.: Zu den Gewährleistungsansprüchen des Einzelhandels an den Großhandel. (Hdl., 1955, H.22, S.14)

Steiner, J.: Die Erweiterung der Klage nach der Zivilprozeßordnung. (Pr.obz., 1955, H.11, S.558-560)

Štětka, V.: Die Mängelhaftung bei Bau- und Montagearbeiten. (Soc. zák., 1955, H.7, S.434-448; H.8, S.498-500)

Struck, H.J.: Die Mitwirkung des Staatsanwalts im sowjetischen Zivilprozeß. (WZ Halle, 1955/56, H.1, S.35-44)

Such, H.: Über die grundlegenden Probleme des Eigentumsrechts und des Schuldrechts der Deutschen Demokratischen Republik. (Sov.gos. pravo, 1955, H.6, S.80-91)

Teissig, K.: Die Kollision der Erbansprüche nach § 518 und § 530 ZGB. (Soc.zák., 1955, H.7, S.423-428)

Trnečka, J.: Der Mieterschutz und die Naturalwohnungen. (Soc.zák., 1955, H.7, S.417-420)

Va'lčev,P.(Waltschew,P.): Die Zuständigkeit der Gerichte und der Staatlichen Arbitrage in Zivilsachen und über die Gerichtsbarkeit der Arbitragegerichte.(Soc.pravo,1955,H.6, S.48-49) 13

Vasilev,L.(Wasiljew,L.): Über das Zivilgesetzbuch der Volksrepublik Bulgarien.(Soc.pravo,1955,H.7, S.1-13)

Das Recht auf Verteidigung im Zivilprozeß. (N.P.,1955,H.11, S.81-82)

Vilinjanskij,S.I.;M.V.Gordon;M.J.Baru (Wilnjanskij,S.I. M.W.Gordon; M.J.Baru): Einzelne Arten von Verpflichtungen.Lehrbuch des sowjetischen Zivilrechts.Moskau 1954.(Rez.)(Sov.gos.pravo,1955,H.7, S.141-145)

Die Anmeldung von Warenzeichen in Argentinien.(EuV,1955,H.22, S.522-524)

Wawilowa,M.: Weiteres zur Arbeit von Z.Ziembinski "Die Grundlagen der Gerichtsstreitigkeiten wegen Unterhaltskosten für das aussereheliche Kind".(P.i P.,1955,H.lo, S.633-641)

Wengerek,E.: Das Prinzip der Gleichberechtigung der Parteien im Zivilprozeß.(P.i P.,1955,H.11, S.778-798)

Zieliński,T.: Das Zwangsvollstreckungsverfahren in Prozessen gegen Betriebe der vergesellschafteten Wirtschaft.(P.i P.,1955,H.12, S.929-953) 13

Zirin,A.: Die Zwangsvollstreckung in Forderungen bei Geldinstituten.(Pr.obz.,1955,H.11, S.554-558)

Die tschechoslowakische Literatur auf dem Gebiete des Zivilrechts in den Jahren 1953-1954 (Vestnik Leningradskogo universiteta,1955, H.3; slowakisch: Pr.obz.,1955,H.7, S.439-440)

15.Familienrecht

Artzt,W.: Zur elterlichen Sorge nach dem Entwurf des Familiengesetzbuches.(Zs Jug Heimerz.,1955,H.9, S.3-9)

Christov,N.:(Christow,N.) Die wichtigstenBestimmungen im Entwurf für ein Familiengesetz der DDR.(Soc.pravo,1955,H.5, S.64-67)

Fratev,D.M.(Fratew,D.M.): Die Vermögensverhältnisse zwischen den Ehegatten während der Ehe und nach der Ehescheidung.(Soc.pravo, 1955,H.7, S.25-37)

Nissalovszky,E.: Die Lehren einer Forschungsreise vom Standpunkt des Zivil- und Familienrechts und der wissenschaftlichen Organisation (betr.DDR).(J.K.,1955,H.9, S.569-581)

Orlovski (Orlowski): Die Grundlagen der Ehe und die Familiengesetzgebung in der UdSSR.(Wortlaut eines Referates)(Schöffe,1955, H.11, S.333-337)

Ostmann,H.: Die Verordnung über Eheschließung und Eheauflösung. (NJ,1955,H.23, S.725)

Plankova,O.: Die Vermögensbeziehungen zwischen dem Ehegatten und der -gattin und ihre rechtliche Regelung.(Pr.obz.,1955,H.lo, S.468-479)

Szpunar,A.; Gwiazdomorski,J.:S.Szer, Das Familienrecht.(Rez.). (P.i P.,1955,H.lo, S.642-657)

16.Internationales Privatrecht

Simon,G.: Über die Arbeit des Kollektivs der Ungarischen National-Bank in Fragen des internationalen Handelsrechts.(J.K.,1955,H.9, S.582-584)

Wiemann,H.: Zur Frage des Gegenstandes des internationalen Privatrechts.(St R,1955,H.6, S.988-994)

17.Arbeitsrecht

Bajáki,V.: Die Arbeitsbücher der Arbeiter und Angestellten in der UdSSR.(J.K.,1955,H.lo, S.628-637)

Beyer,K.-H.: Aufgaben der Justiz bei der Hebung der Arbeitsdisziplin und der Arbeitsmoral.(NJ,1955,H.23, S.73o-731)

Chyský,J.: Zu einigen Fragen des Arbeitsrechtsverfahrens.(Soc. zák.,1955,H.8, S.485-493)

Cohn,K.: Die Unzulässigkeit des Mahnverfahrens im Arbeitsgerichtsprozeß.(A.u.S.,1955,H.21, S.663-665)

Csanádi,G.: Kommentar über das Arbeitsgesetzbuch.(J.K.,1955,H.lo, S.638-647)

Ginoburg,A.L.;V.G.Varencova (Ginzburg,L.A.; W.G.Warenzowa): L.A.Nikolaeva, Annahme und Entlassung der Arbeiter und Angestellten in der sowjetischen Gesetzgebung.Alma-Ata 1954.(Rez.)(Sov.gos. pravo, 1955,H.7, S.145-147)

Hamák,V.: Ein Beitrag zu Fragen der vorzeitigen Auflösung des Arbeitsverhältnisses.(Soc.zák.,1955,H.8, S.494-498)

Jakovlev,L.(Jakowlew,L.): N.G.Aleksandrov, Das sowjetische Arbeitsrecht.(Rez.) (Sov.gos.pravo,1955,H.7, S.132-135)

Kranke,R.: Die Gewerkschaften und die Arbeitsgerichte.(A.u.S., 1955, H.23, S.729)

Krause,E.: Die Tätigkeit der Geschäftsstellen der Arbeitsgerichte in der DDR.(A.u.S.,1955,H.22, S.694-696)

Kunz,Th.: Beratung und Abstimmung im arbeitsgerichtlichen Verfahren. (A.u.S.,1955,H.21, S.661-663; H.22, S.696-697)

Petruv,A.: Die Umstufungen im Arbeitsverhältnis und die Lohnansprüche.(Soc.zák.,1955,H.7, S.4o2-414)

Zu den Aufgaben und Pflichten der Meister. (A.u.S.,1955,H.24, S.761-763)

Schlemo,M.: Welche neuen Gesichtspunkte enthält die Anordnung über die Ausgaben und den Umtausch von Schwerbeschädigten-Ausweisen? (A.u.S.,1955,H.24, S.757-759)

Schmack,O.: Westdeutsche Sozialreform - Raub sozialer Leistungen. (A.u.S.,1955,H.22, S.699-700)

Schuster,H.: Aus den Erfahrungen der Konfliktkommission des VEB Transformatoren- und Röntgenwerk Dresden.(Gew.Akt.,1955,H.23, S.32-35)

Steidl,J.: Die Streiks von Hamburg und Kassel und ihre Lehren. (Arb.,1955, H.11, S.754-76o)

Sus'ko,J.E.:Ein Werk über das Arbeitsrecht Jugoslawiens. N.Tintić, Osnovi radnog prava, Zagreb 1955.(Rez.)(Sov.gos.pravo,1955,H.7, S.16o-163)

Thude,G.: Das Gerede über die "Sozialreform" in Westdeutschland und was dahintersteckt.(Arb.,1955,H.11, S.76o-766)

Tippmann,W.: Die Rechtsunwirksamkeit der Entlassungen wegen demokratischer Gesinnung und Betätigung in der Bundesrepublik.(St R, 1955, H.6, S.949-968)

Weiß,A.: Wann ist ein unter Alkoholeinfluß erlittener Unfall ein Betriebsunfall? (A.u.S.,1955,H.24, S.759-761)

Weltner,A.: Die Regelung einiger Fragen der Arbeitsdisziplin in Rumänien.(J.K.,1955,H.1o, S.62o-628)

18.Sonstiges

Arlt,R.: Über einige Fragen der praktischen Durchführung der Aspirantur in der Sowjetunion.(WZ Halle,1955/56,H.1, S.45-46)

Benjamin,M.: Deutsche Jurastudenten in der Sowjetunion.(Mtbl.VDJD, 1955,H.5, S.24-26)

Verteidigungen rechtswissenschaftlicher Dissertationen in dem Jahre 1954.(Sov.gos.pravo,1955,H.7, S.171-175)

Helm,R.: Die weiteren Perspektiven der demokratischen Justiz.(Stimmen zur Ausstellung "10 Jahre demokratische Justiz")(Mtbl.VDJD,1955, H.5,S.26-27)

Maly,K.: Neuerscheinungen der sowjetischen juristischen Literatur. (Sov.veda,1955,H.6, S.57o-572)

Popkov,V.D.(Popkow,W.D.): Der 200.Jahrestag der juristischen Fakultät der Moskauer mit dem Leninorden und dem Orden des Roten Banners der Arbeit ausgezeichneten Staatlichen M.W.Lomonossow-Universität. (Sov.gos.pravo,1955,H.6, S.1o3-1o6)

Gemeinsam der deutschen Einheit dienen! (Erklärung der Rektorenkonferenz der DDR. 12.-13.Aug.1955 in Warnemünde)(Hswesen,1955, H.9/1o, S.38)

Das internationale Treffen der Studenten der Rechtswissenschaft und der jungen Juristen.(P.i P.,1955,H.1o, S.673-674)

Swiatkowski,H.: Am Vorabend der Tagung des Verbandes Polnischer Juristen.(N.P.,1955,H.11, S.3-5)

B. BIBLIOGRAPHIE AUS ZEITSCHRIFTEN DER DEUTSCHEN BUNDESREPUBLIK

Diese Bibliographie enthält eine Auswahl einschlägiger Artikel aus folgenden Zeitschriften: 1)

AcP	= Archiv für die civilistische Praxis,Tübingen	1955,Bd.154,H.5
AG	= Der Arbeitgeber,Düsseldorf	1955,H.19-24
AöR	= Archiv des öffentlichen Rechts,Tübingen.	1955,Bd.8o,H.3
ArbuR	= Arbeit und Recht, Köln	1955,H.1o-11
ASP	= Arbeit und Sozialpolitik, Bonn	1955,H.5;9-12
AUSS.POL	= Außenpolitik, Stuttgart	1955,H.1o-11
AVö	= Archiv des Völkerrechts, Tübingen	1955,Bd.5,H.3
B	= Der Betrieb, Düsseldorf	1955,H.39-49; H.51/52
BArbBl.	= Bundesarbeitsblatt,Stuttgart,Köln	1955,H.18-22.24
BB	= Der Betriebs-Berater,Heidelberg	1955,H.28-36
Dokumente	= Dokumente,Zeitschrift für übernationale Zusammenarbeit,Offenburg	1955,H.6
DÖV	= Die Öffentliche Verwaltung,Stuttgart	1955,H.19-23
DRiZ	= Deutsche Richterzeitung,Köln,Berlin	1955,H.1o-12
DVBl.	= Deutsches Verwaltungsblatt,Köln,Berlin	1955,H.19-22
DWW	= Deutsche Wohnungswirtschaft,Düsseldorf	1955,H.8-11
EA	= Europa-Archiv, Frankfurt	1955,H.19-22
FamRZ	= Ehe und Familie im privaten und öffentlichen Recht, Bielefeld	1955,H.1o-12 1956,H.1
FR	= Finanz-Rundschau (Deutsches Steuerblatt), Köln	1955,H.19-23
GAStr	= Goltdammer's Archiv für Strafrecht,Hamburg	1955,H.1o-12
Gem.Tag	= Der Gemeindetag,Stuttgart,Köln	1955,H.9
Gew.Mon.H.	= Gewerkschaftliche Monatshefte,Köln	1955,H.1o-11

GRUR = Gewerblicher Rechtsschutz und Urheberrecht, Weinheim 1955,H.1o-11

Int.Arb.Mitlgn.= Internationale Arbeitsmitteilungen, Mehlem 1955,H.21-22

JR = Juristische Rundschau,Berlin ....1955,H.8+1o

JZ = Juristenzeitung, Tübingen 1955,H.19-2o;22-24

MDR = Monatsschrift für Deutsches Recht, Hamburg, ...1955,H.1o-12

N.Gesellschaft = Die Neue Gesellschaft, Bielefeld.....1955,H.6

NJW = Neue Juristische Wochenschrift,München, Berlin 1955,H.39-48

Öff.D. = Der Öffentliche Dienst,Düsseldorf 1955,H.9-1o

Öff.Haush.= Der öffentliche Haushalt-Archiv für Finanzkontrolle,Göttingen 1954,H.2-4
1954/55,H.5-6
1955,H.1/2

RdA = Recht der Arbeit,München,Berlin 1955,H.9-11

RdJ = Recht der Jugend, Berlin 1955,H.7,19-24

RdL = Recht der Landwirtschaft,Hamburg 1955,H.9,11-12

RLA = Rundschau für den Lastenausgleich, Hamburg 1955,H.19-23

SchlHA = Schleswig-Holsteinische Anzeigen,Kiel 1955,H.1o-11

SCHM.JB = Schmollers Jahrbuch für Gesetzgebung,Verwaltung und Volkswirtschaft,Berlin 1955,H.5

SGB = Die Sozialgerichtsbarkeit,Wiesbaden 1955,H.2-4,6-11

SKV = Staats- und Kommunalverwaltung,Berlin 1955,H.1-11

Soz.Sicherh.= Soziale Sicherheit-Zeitschrift für Politik, Köln 1955,H.12

TW = Die Teilzahlungswirtschaft,Dortmund 1955,H.2-5

Universitas (Zeitschrift für Wissenschaft, Kunst und Literatur), Stuttgart 1955,H.1o-12

UstR = Umsatzsteuer-Rundschau, Köln 1955,H.21-23

Wähler = Der Wähler, Frankfurt 1955,H.11

WuW = Wirtschaft und Wettbewerb, Düsseldorf 1955,H.1o-11

Zbl.Jug.R.= Zentralblatt für Jugendrecht und Jugendwohlfahrt, Köln, Berlin 1955,H.9-11

ZIPR = Zeitschrift für ausländisches und internationales Privatrecht, Berlin 1955,H.2

ZMR = Zeitschrift für Miet- und Raumrecht,Düsseldorf 1955,H.1o-12

Z.POLIT. = Zeitschrift für Politik, Berlin 1955,H.2

ZSt = Zeitschrift für die gesamte Staatswissenschaft, Tübingen 1955,H.4

Die hier aufgeführten Hefte sind gemäß der Benutzungsordnung der Bibliothek des Deutschen Instituts für Rechtswissenschaft bedingt ausleihfähig.

1. Theorie und Geschichte des Staates und des Rechts [1)]

Abendroth, W.: Zehn Jahre gewerkschaftlicher Kampf für die soziale Demokratie. (Gew.Mon.H., 1955, H.10, S.585-595) 13

Glücklich: Juristische und medizinische Kausalität. (SGb, 1955, H.10, S.290-291)

Gokhale, B.G.: Die Epochen der indischen Geschichte. (Universitas, 1955, H.11, S.1163-1172)

Heuss: Staat und Recht. (Ansprache auf dem 41. Juristentag in Berlin) (DRiZ, 1955, H.10, S.229-230) 3

Klein-Bruckschwaiger, F.: Wie die Rechtsprechung dem Gewohnheitsrecht Rechnung trägt. (AcP, 1955, Bd.154, H.5, S.426-439)

Leonhardt: Ablösung des kausalen Denkens in der ärztlichen Begutachtung. (SGb, 1955, H.9, S.261-264) 13

Lutz, H.: Die Gewerkschaften in einer restaurativen Welt. (Gew.Mon.H., 1955, H.10, S.596-602)

Meissinger, H.: Die Gewerkschaften im staatsfreien Raum der Sozialen Selbstverwaltung. (ArbuR, 1955, H.11, S.339-342) 13

Piegler, J.: Volksbräuche vor Gericht. (JZ, 1955, H.23/24, S.721-724) 2

Plessner, H.: Über Elite und Elitenbildung. (Gew.Mon.H., 1955, H.10, S.602-606)

Preller: Die SPD und der Versorgungsstaat. (ASP, 1955, H.9, S.289-292) 13

Prost, G.: Über die Autonomie. Ihre Grundlagen und Grenzen. (NJW, 1955, H.40, S.1463-1465) 2

Redslob, R.: Die Staatsgedanken der Aufklärung und die Französische Revolution. (Z.POLIT., 1955, H.2, S.146-154)

Riedel, H.: Irrtum des Gesetzgebers und Gesetzesauslegung. (JR, 1955, H.10, S.374-376)

Sozialpolitik zwischen Ost und West. (AG, 1955, H.21, S.727-730) 3 13

Thieme, W.: Alle Staatsgewalt geht vom Volke aus. (JZ, 1955, H.21, S.657-659) 3, 7

Zimmermann, Th.: Struktur- und Einzelfragen der Gesetzesauslegung im Spiegel der Entwicklung höchstrichterlicher Rechtsprechung. (GAStr., 1955, H.11, S.336-344) 2, 9

1) Die nach der Fundstelle eines Artikels angegebenen Zahlen verweisen auf die Bedeutung dieses Artikels auch für andere Fachgebiete entsprechend der hier zugrunde gelegten Systematik.

2. Völkerrecht und Aussenpolitik

Kommuniqué über die Besprechungen zwischen Bundeskanzler Adenauer und Ministerpräsident Faure in Luxemburg am 5.Okt.1955. (EA,1955,H.21, S.8361)

Abkommen über die Beratende Balkanversammlung vom 2.März 1955. (AVö,1955,H.3, S.347-349)

Borne,E.: Vertrag oder Gemeinschaft? (Dokumente,1955,H.6, S.459-466)

Militärischer Beistandspakt zwischen Brasilien und den Vereinigten Staaten von Amerika vom 15.März 1952.(AVö,1955,H.3, S.351-355)

Brügel,J.W.: Der Konflikt zwischen Menschenrecht und Souveränität (Konvention über Menschenrechte).(AUSS.POL.,1955,H.10,S.650-659) 1

Tagung des Comité Européen pour le Progrès Economique et Social (CEPES) (am 14.Oktober 1955) in Palermo.(EA,1955,H.22, S.8398)

Dehio,L.: Die deutsche Politik an der Wegegabel.(AUSS.POL.,1955, H.8, S.489-494)

Echterhölter,R.: Die Europäische Menschenrechtskonvention im Rahmen der verfassungsmäßigen Ordnung.(JZ,1955,H.22, S.689-693) 3

Focke,E.F.;A.Fontaine;H.Frenay: Deutsch-französisches Gespräch in Neuenahr.(Dokumente,1955,H.6, S.487-490)

Gasteyger,C.: Asien und Afrika in der Weltpolitik. Die Konferenz der asiatischen und afrikanischen Staaten in Bandung vom 18.bis zum 24.April 1955.(EA,1955,H.20, S.8295-8304)

Der Verlauf der Genfer Außenministerkonferenz. (27.-31.Okt.1955) (EA,1955,H.22, S.8393-8394)

Golsong,H.: Die Verfahrensordnung der Europäischen Kommission für Menschenrechte.Dok.Anhang: Wortlaut der Verfahrensordnung v.2.April 1955 in der Fassung v.20.Sept.1955.(EA,1955,H.21, S.8355-8360)

Vertrag über Bündnis,politische Zusammenarbeit und gegenseitigen Beistand.(Vertrag von Bled zwischen Griechenland,Jugoslawien und der Türkei vom 9.Aug.1954)(AVö,1955,H.3, S.343-346)

Gumpert,J.: Europäische Integration.(SCHM.JB.,1955,H.5,S.65-102) 3

Hättich,M.: Die deutsche Mitarbeit in der UNESCO.(EA,1955,H.22, S.8381-8390)

Kommuniqué über den Besuch des kanadischen Außenministers Lester B.Pearson in der Sowjetunion vom 5.bis zum 12.Okt.1955.(EA,1955, H.21, S.8362)

Kennan,G.F.: Diplomaten als Spiegelbild der demokratischen Gesellschaft? Gedanken zur Zukunft des amerikanischen Auswärtigen Dienstes.(AUSS.POL.,1955,H.11, S.694-706)

Mende,D.: Internationale Beziehungen als Forschungsgegenstand. (EA,1955,H.22, S.8373-8380)

Leclercq,J.;H.Vogel;V.Ducattilon: Zur Moral des Atomkriegs. (Dokumente,1955,H.6, S.483-487)

Mookerjee,G.K.: Indiens Weg in eine neue Welt- Grundzüge und Ziele indischer Außenpolitik.(Universitas,1955,H.11, S.1187-1192)

Münch: Tagung der Deutschen Gesellschaft für Völkerrecht 1955 in Frankfurt am Main.(AVö,1955,H.3, S.319-321)

Noack,U.: Die Erneuerung der UNO.(N.Gesellschaft,1955,H.6, S.51-57)

Staatsvertrag betreffend die Wiederherstellung eines unabhängigen und demokratischen Österreich vom 15.Mai 1955.(AVö,1955,H.3, S.322-342)

Pfeifer,H.: Der österreichische Staatsvertrag.(AVö,1955,H.3, S. 296-307)

Rie,R.: Das Legitimitätsprinzip des Wiener Kongresses.(AVö,1955, H.3, S.272-283)

Schneider,P.: Zur Rechtsstellung des Internationalen Roten Kreuzes. (AVö,1955,H.3, S.257-271)

Schokking,J.J.: Die internationale Bürokratie. Theoretische Probleme eines neuen Forschungsobjekts.(Z.POLIT.,1955,H.2, S.133-145)

Schröder-Brzosniowsky,I.: Der Stand der wirtschaftlichen Integration Europas im Herbst 1955.(Gew.Mon.H.,1955,H.10, S.636-639)

Die Antwortnote der Sowjetunion vom 18.Okt.1955 auf den Protest der Westmächte gegen die Übertragung von Hoheitsrechten an die DDR. (EA,1955,H.21, S.8361-8362)

Spaak,P.-H.: Europa in Etappen.(Dokumente,1955,H.6, S.451-458)

Steinitz,H.: Deutschland vor der Tür der Vereinten Nationen. (AUSS.POL.,1955,H.10, S.659-665) 3

Suez-Kanal-Abkommen vom 19.Okt.1954.(AVö,1955,H.3, S.349-351)

Tschu En-lai: Die gegenwärtige internationale Lage und die chinesische Außenpolitik.(EA,1955,H.20, S.8229-8294)

Wolff,G.: Die sittliche Legitimation der deutschen Außenpolitik. (AUSS.POL.,1955,H.10, S.645-649)

Zemanek,K.: Die völkerrechtliche Stellung Formosas.(AVö,1955, H.3, S.308-319)

3.Staats- und Verwaltungsrecht

Achenbach,E.: Änderungen im deutschen Staatsangehörigkeitsrecht. (betr: Umsiedler)(SKV,1955,H.10, S.207-208)

Appel,R.: Der Geist von Bonn.Das tatsächliche Verhältnis zwischen Regierung und Opposition.(D.Wähler,1955,H.11, S.506-512)

Barck,L.: Die Rechtsprechung der Oberverwaltungsgerichte zu den Bodenreformgesetzen in der amerikanischen Zone.(RdL,1955,H.9,S. 235-238)

Baring:Die politische Selbstverwaltung und die Verwaltungsgerichtsbarkeit.Zugleich ein Beitrag zum Problem der Wahlklage.(DVBl., 1955,H.21, S.685-696; H.22, S.721-726)

Becker, H.-J.: Zum Grundrecht der freien Berufswahl.Eine Zwischenbilanz zu Art.12 Abs.1 GG.(NJW,1955,H.47, S.1737-1740) 13

Beume:Die Staats- und Selbstverwaltung der Landkreise nach der neuen Landkreisordnung in Nordrhein-Westfalen.(SKV,1955,H.6, S.118-120)

Bischoff,F.: Der Hoheitscharakter der Nachrichtenverwaltung. Einige grundsätzliche Gedanken zur Frage der Amtshaftung der Bundespost.(MDR,1955,H.12, S.723-725)

Blei,H.: Probleme des polizeilichen Waffengebrauchs.(JZ,1955,H.20, S.625-631)

Brill,H.L.: Rechtsfragen der Wiedervereinigung.(Gew.Mon.H.,1955, H.10, S.607-614)

Um die Wahl der Richter des Bundesverfassungsgerichts.(DRiZ,1955, H.12, S.294-295)

Brünneck,von: Landesbericht Hessen.(Schluß)(DÖV,1955,H.23,S.723-725)

Brunstäd,G.: Zum Bausperrenurteil des Bundesgerichtshofs.(DÖV, 1955,H.22, S.677-681) 9

Cohn,J.E.: Ausländische Juden und Verfolgungsvermutung.Eine Kritik der Rechtsprechung des 3.und des 14.Zivilsenats des Kammergerichts.(JZ,1955,H.20,S.631-634) 9

Denecke,J.: Zum Begriff und Wesen des öffentlichen Dienstes.(RdA, 1955,H.11, S.401-404)

Dilcher,H.: Obdachlosenpolizei contra Räumungstitel. Wiedereinweisung des Räumungsschuldners in den bisherigen Wohnraum. (NJW,1955,H.44, S.1623-1626) 9

Dittus,W.: Zur Enteignung von Gelände für den öffentlichen Bedarf nach dem Baulandbeschaffungsgesetz.(DVBl.,1955,H.22, S.726-728)

Düring,G.: Die Verfassungswidrigkeit des § 67 des Personenstandsgesetzes.(FamRZ,1955,H.12, S.337-341) 8

Dutt,S.: Die politische und wirtschaftliche Entwicklung Indiens seit der Unabhängigkeitserklärung 1947.(Universitas,1955,H.11, S.1129-1136)

Eggert,W.A.: Die Verwaltungswissenschaft,eine Voraussetzung für die Rationalisierung der öffentlichen Verwaltungen.(Öff,Haushalt, 1955,H.1/2 S.23-26)

Ehlers,K.: Die Bereinigung der Besatzungsschäden.(BB,1955,H.34, S.1075-1077)

Fiedler,E.: Strukturwandel des öffentichen Dienstes im Spiegel der Statistik.(Öff.Haushalt,1955,H.1/2, S.2-22)

Fischbach,O.G.: Der Rechtsbegriff des öffentlichen Dienstes unter besonderer Berücksichtigung der Vorschriften des Gesetzes zu Art. 131 GG. (DÖV,1955,H.23, S.709-714) 13

Fischer,J.: Rechtliche Gestaltung und Probleme der öffentlichen Grundstückslast.(NJW,1955,H.43, S.1583-1586) 4

Geffers,W.: Die politischen Beamten.(DVBl.,1955,H.20, S.659-663)

Zusammenfassung aller Gerichtszweige in einem Ministerium.(DRiZ, 1955, H.11, S.253-254) 7

Gerstenmaier,Eu.: Der dritte Bundestag.Zum Wahlgesetz und zur Gestalt des künftigen Parlaments.(D.Wähler,1955,H.11, S.495-497)

Goldmann,G.: Zweifelsfragen der Niedersächsischen Gemeindeordnung vom 4.März 1955.(SKV,1955,H.11, S.230-233)

Grafe,W.: Gemeindliche Personalhoheit unter Selbstverwaltungsgarantie.Eine Erwiderung zum Aufsatz von Prof.Ipsen in DÖV 1955, S.225 ff. (DÖV,1955,H.21, S.650-652)

Haueisen: Der Widerruf fehlerfreier Verwaltungsakte.(NJW,1955, H.40, S.1457-1461)

Haueisen: Wirtschaftsverbände und Verwaltungsprozesse.(BB,1955, H.30, S.946-948)

Heckel,H.: Öffentlicher Dienst und Schule.(DÖV,1955,H.21,S.645-648)

Hedemann,J.-W.: Das Personalvertretungsgesetz.(JR,1955,H.10, S.363-366) 3,13

Henle,W.: Landesbericht Bayern.(DÖV,1955,H.21, S.662-664)

Hering,H.-G.: Zum Inkrafttreten des Personalvertretungsgesetzes. (DVBl.,1955,H.20, S.653-658) 13

Idel,W.: Zum Begriff der Spruchreife bei der Klage auf Vornahme eines Verwaltungsaktes.(NJW,1955,H.47, S.1744-1747)

Das neue Indien - eine Dokumentation. Aus amtlichen Berichten der indischen Zentralregierung.(Universitas,1955,H.11, S.1145-1152)

Kapfer,H.: Zur Kritik an der Gesetzgebung.(Auszug)(DRiZ,1955, H.10, S.247)

Koehler,A.: Aus der Rechtsprechung des Bundesverwaltungsgerichts. (MDR,1955,H.10, S.586-590)

Die Jahreskonferenz der britischen Konservativen Partei.(6.-8. Oktober 1955 in Bournemouth)(EA,1955,H.22, S.8394-8396)

Kauffmann,H.;H.-J.Zinkeisen: Kündigung und Versetzungsmöglichkeit im öffentlichen Dienst.(RdA,1955,H.9, S.338)

Kottenberg,K.: Zum Stande des Gemeindeverfassungsrechts. Gemeindliche Forderungen an die Länder.(SKV,1955,H.3, S.45-46)

Kubsch: Die Verwaltungsreform - Eine Aufgabe,die uns alle angeht. (SKV,1955,H.4, S.67-68)

Krüger,H.: Übt das Jugendamt als Amtsvormund öffentliche Gewalt aus? (JZ,1955,H.2o, S.634-635)

Krüger,H.: Der Wesensgehalt der Grundrechte i.S.des Art.19 GG. (DÖV,1955,H.19, S.597-6o2)

Küchendorff,G.: Das neue Kassenarztrecht.(RdA,1955,H.11, S.413-421) 13

Die Jahreskonferenz der britischen Labour Party. (1o.-14.Oktober 1955 in Margate)(EA,1955,H.22, S.8396-8398)

Laux, E.: Die Rechtsstellung der Ämter in Schleswig-Holstein. (SchlHA,1955,H.11, S.322-327)

Less:Die Wiedereinweisung von Räumungsschuldnern.(ZMR,1955,H.12, S.353-357) 3

Linckelmann,K.: Zur Eigenart und Weiterentwicklung der wasserwirtschaftlichen Selbstverwaltung. Zugleich zum Begriff der "mittelbaren Staatsverwaltung" (DÖV,1955,H.21, S.652-656; H.22, S.685-688; H.23, S.717-721)

Lucas:Berücksichtigung bevorzugter Bewerber bei der Vergabe öffentlicher Aufträge.(SKV,1955,H.5, S.95-96)

Lucas,W.: Entschädigung für Schaden durch ausländische Truppen nach Aufhebung des Besatzungsregimes.(Gem.Tag,1955,H.9, S.187-188)

Makarov,A.N.: Das Bundesgesetz zur Regelung von Staatsangehörigkeitsfragen vom 22.Febr.1955.(NZ,1955,H.21, S.659-663)

Maxrath,J.: Rationalisierung und Rechtsbereinigung.(BB,1955,H.35/36, S.1o97-1o99)

Mende,A.W.: Zur Frage der Zulässigkeit gesetzesändernder Rechtsverordnungen.(DÖV,1955,H.2o, S.625-628)

Menger,Ch.-F.: Rechtssatz,Verwaltung und Verwaltungsgerichtsbarkeit.Prolegomena zu einer Lehre von den Möglichkeiten und Grenzen des verwaltungsgerichtlichen Rechtsschutzes.(DÖV,1955,H.19, S.587-592)

Schulabkommen der Ministerpräsidentenkonferenz.(Text v.17.Febr. 1955)(RdJ,1955,H.7, S.118-12o)

Mittendorf: Die Vertretung der Gemeinden nach der Niedersächsischen Gemeindeordnung.(SKV,1955,H.8, S.166-168)

Molitor,E.: Personalvertretungsgesetz und Betriebsverfassungsgesetz. (RdA,1955,H.11, S.404-408) 13

Müller,H.: Die Revisionszulassung im Verwaltungsstreitverfahren. (NJW,1955,H.47, S.1740-1744)

Müller,S.: Die neue Gesetzgebung auf dem Gebiete des Besoldungsrechts.(SKV,1955,H.2, S.30-32; H.4, S.77-78)

Muntzke-Schlempp:Die Haftung bei öffentlichen Schäden,insbesondere bei öffentlichen Einrichtungen.(Gem.Tag,1955,H.9, S.185-186) 9

Nothnick,G.: Auftragsangelegenheiten - Pflichtaufgaben zur Erfüllung nach Weisung.(SKV,1955,H.7, S.135-137)

Otto,W.: Die Aufsichtsbefugnisse gegenüber Kinderpflegeheimen. (Schluß)(RdJ,1955,H.7, S.107-109)

Panikkar,S.K.M.;R.Ray;D.Deshmuk:Der Wandel der gesellschaftlichen Verhältnisse im modernen Indien.(Universitas,1955,H.11, S.1201-1203)

Panse:Ausfüllung von Gesetzeslücken und unbestimmten Rechtsnormen. (RLA,1955,H.22, S.346-347) 1,4

Rattay:Zur niedersächsischen Gemeindeordnung.(SKV,1955,H.3, S.47-49; H.4, S.69-71)

Rautenberg,J.: Untersuchungsmaxime und Zurückverweisungen im verwaltungsgerichtlichen Verfahren.(NJW,1955,H.42, S.1545-1546)

Einheitliches Rechtsprechungsministerium.(DRiZ,1955,H.12,S.298) 7

Rehkopp:Die Grundrechte in der Bundesrepublik Deutschland.(SKV, 1955,H.5, S.97-99)

Verein der Verwaltungsrichter des Landes Nordrhein-Westfalen zum Richtergesetzentwurf.(DÖV,1955,H.22, S.691-692) 7

Dokumente zur Volksabstimmung über das Saarstatut am 23.Okt.1955. (EA,1955,H.22, S.8391-8392)

Sabel,A.: Das Personalvertretungsgesetz.(RdA,1955,H.9, S.328-331) 13

Schaefer:Die Abänderbarkeit von Verwaltungsakten im Lastenausgleichsleistungsrecht.(RLA,1955,H.20, S.305-311; H.22,S.337-343) 4

Schäfer,J.: Zur Änderung des kommunalen Wahlrechts in Nordrhein-Westfalen.(SKV,1955,H.6, S.115-117)

Scheuner,U.: Voraussetzungen und Verfahren der Wiedervereinigung Deutschlands.(EA,1955,H.16, S.8071-8080)

Schmid,C.: Die Opposition als Staatseinrichtung.(D.Wähler,1955, H.11, S.498-506)

Schmidt: Dienststrafrechtliche Neuordnung in Niedersachsen. (SKV,1955,H.2, S.26-28)

Schmidt: Die Neuordnung des öffentlichen Leistungsrechts. (Zum Entwurf des Bundesleistungsgesetzes). (DVBl., 1955, H.19, S.616-623)

Schmidt, H.: Grundeigentum und Bausperren. (DWW, 1955, H.11, S.264-266) 9

Schmidt, R.: Die Beschränkung von Grundeigentum für die militärische Verteidigung. (DVBl., 1955, H.22, S.728-731)

Schöneberger, A.: Die Entwicklung des öffentlichen Rechts in Rheinland-Pfalz im 1. Halbjahr 1955. (DVBl. 1955, H.21, S.701-703)

Schröder, G.: Der Rechtsschutz gegen Maßnahmen der öffentlichen Gewalt. (Universitas, 1955, H.12, S.1261-1266)

Schütz, W.: Bundesbaugesetz. Initiativgesetzentwurf im Bundestag. (DWW, 1955, H.11, S.260-263)

Schultz, G.: Blick in die Zeit (Übermaß von Gesetzen.) (MDR, 1955, H.12, S.719-720)

Schwankhart, E.: Die Verwaltungsvorschriften zum BVG., rechtstheoretisch gesehen. (SGB, 1955, H.2, S.37-38)

Schwenk, E.H.: Deutsche und ausländische Gerichtsbarkeit nach den Pariser Verträgen. (MDR, 1955, H.12, S.703-707)

Seehusen: Flurbereinigung und Grundstücksverkehr. (ZMR, 1955, H.12, S.317-319) 9

Sieveking, F.B.: Staatsrechtslehrertagung 1955. (MDR, 1955, H.12, S.720-721)

Sonnabend; Darkow: Der Regierungsentwurf einer Novelle zum BEG. (DRiZ, 1955, H.11, S.258-261)

Spanner, H.: Die Verwaltungsgerichtsbarkeit in Oesterreich. (DÖV, 1955, H.19, S.593-596)

Spiegel, O.v.: Landesbericht Nordrhein-Westfalen. (DÖV, 1955, H.21, S.660-662)

Spreng: Landesbericht Baden-Württemberg. (Teil 1) (DÖV, 1955, H.23, S.726-728)

Staatsrechtslehrertagung 1955. (13.-14.Okt.1955 in Hamburg; Bericht) (JZ, 1955, H.23/24, S.761-763)

Steppert, H.A.: Probleme der Sozialordnung. Bericht über den 21. Staatswissenschaftl. Fortbildungskursus der Hochschule für Verwaltungswissenschaften Speyer vom 27. bis 29. Sept. 1955. (DÖV, 1955, H.22, S.688-691) 13

Thiele, W.: Behördliches Ermessen und richterliche Nachprüfung. (SKV, 1955, H.11, S.229-230) 1

Thilenius, R.: Das Saarschiff an der Wendemarke. (AUSS.POL., 1955, H.10, S.617-627)

"Um der drei Gerechten willen".(Verfassungsbeschwerde)(DRiZ,1955, H.10, S.247-248)

Weber,W.: Die Niedersächsische Gemeindeordnung.(DVBl.,1955,H.19, S.613-616)

Wendt,P.: Zur Frage der innerstaatlichen Geltung und Wirkung der Europäischen Konvention zum Schutze der Menschenrechte.(MDR,1955, H.11, S.658) 2

Wiethaupt,H.: Geheime Beratung der Stadtbeschlußausschüsse.(MDR, 1955,H.10, S.580-582)

Wilden,H.: Grundzüge des Bundesentschädigungsgesetzes (BEG). (BArbBl.,1955, H.20,S.905-908)

Wilhelm:Die Überleitungsbestimmungen zum 4.Lastenausgleichsänderungsgesetz.(RLA,1955,H.22, S.343-346) 4

Wohlfahrt,E.: Gerichtsbarkeit über fremde Streitkräfte.(DRiZ,1955, H.11, S.261-263)

Würfflein: Kritische Gedanken zum Landjugendplan.(Zbl.JugR,1955, H.9, S.226-228)

Wüsthoff: Die Entwicklung des Wasserrechts und der Wasserwirtschaft in der Bundesrepublik.(NJW,1955,H.48, S.1777-1780)

Zacher,F.: Ratifizierungsgesetz und Normenkontrolle.(DVBl.,1955, H.20, S.649-653; H.21, S.696-697)

Zurhausen:Die geschichtliche Entwicklung,Aufgaben und Organisation der Behörde des Regierungspräsidenten.(SKV,1955,H.1, S.11-14)

4.Finanz-,Steuer-und Preisrecht

Die Bank deutscher Länder zum SPD-Entwurf einer Abänderung des Gesetzes betreffend die Abzahlungsgeschäfte.(TW,1955,H.3, S.67-69) 9

Bank,B.: Niederschlagung von staatlichen Ansprüchen.(Öff,Haushalt, 1955, H.1/2, S.51-55)

Bank,B.: Über Umfang und Grenzen der Finanzkontrolle der Rechnungshöfe.(AöR,1955, Bd.80,H.3, S.261-275)

Bräuer,K.: Probleme der Finanzverfassung und Finanzverwaltung in der Bundesrepublik. Kritische Betrachtungen zum Grundgesetz. (DÖV,1955,H.19, S.584-586)

Buchstab:Die Vergünstigungen für Angehörige der Vereinten Nationen und für Rückerstattungsberechtigte bei der Vermögensabgabe.(RLA, 1955,H.21, S.321-328)

Ernst,O.: Die Kontrollfunktionen der Bundesschuldenverwaltung. Ein Beitrag zu Artikel 115 GG.(Öff,Haushalt,1954/55,H.5,S.219-234)

Esche,H.: Die Sperrung von Ausgabemitteln des Staatshaushalts. Zugleich als Beitrag zur Reform des Haushaltsrechts.(Öff,Haushalt, 1955, H.1/2, S.26-4o)

Fischer,C.E.: Die Gewinnbesteuerung der "personenbezogenen"Unternehmen.(FR,1955,H.19, S.435-44o)

Friedrich,W.: Aus der Rechtsprechung des Bundesfinanzhofs im Jahre 1954.(NJW,1955,H.44, S.1617-162o)

Golz,G.: Das Ausnahmebewilligungsrecht des Finanzministers bei Hauhaltsüberschreitungen.(Öff,Haushalt,1955,H.1/2, S.41-43)

Golz,G.: Gestaltungsfaktoren der modernen Staatshaushalte. (Öff,Haushalt,1954/55, H.6, S.276-28o)

Gottsheim,G.: Die Wahrung des Steuergeheimnisses.(SKV,1955,H.1o, S.2o5-2o7)

Gübbels,B.: Gedanken zum 9.Kongreß der International Fiscal Association.(5.-8.Sept.1955 in Amsterdam)(FR,1955,H.19, S.433-434)

Greuner:Bericht über den Stand der Arbeiten zur Reform des Haushaltsrechts.(Mai 1955).(Öff,Haushalt,1955,H.1/2, S.62-73)

Greuner;Helmert:Vorschlag zur Neugestaltung des Bundeshaushaltsplanes.(Öff.Haushalt,1954,H.2/3, S.49-91)

Grund,W.: Zur Besteuerung der Ehegatten.(B,1955,H.43, S.1ooo-1oo2)

Haaser,F.: Die Rechnungshöfe und ihre Beziehungen zu Exekutive und Legislative.(Öff.Haushalt,1954,H.2/3, S.115-13o) 3

Heinig,K.: USA-Rechnungsprüfungsbericht 1953.(Öff.Haushalt,1955, H.1/2, S.58-62)

Helmert,O.: Leitgedanken der Vermögensrechnung des Bundes.(Öff. Haushalt,1954,H.4, S.145-157)

Hoffmann:Die Rückerstattung in der Rechtsprechung des Bundesfinanzhofes.(FR,1955,H.22, S.51o-513)

Kleinmann:Der Fehlbetrag im Staatshaushalt.(Öff.Haushalt,1954/55, H.6, S.267-268)

Kussin:Die Wiederaufbauvergünstigung bei der Hypothekengewinnabgabe.(RLA,1955,H.23, S.353-359)

Lehmann,H.: Zur Rechtnatur des Akzeptkredites der Banken.(BB,1955, H.3o, S.937-939) 2

Meckle,K.: Der Fehlbetrag im Staatshaushalt.(Öff.Haushalt,1954, H.4, S.163-17o)

Meilicke,H.: Steuersenkung durch Abschaffung von Steuern.(FR,1955, H.21, S.481-482)

Mennekes:Die Getränkesteuer im Brennpunkt der Gemeindesteuerpolitik. (SKV, 1955,H.3, S.49-52)

Metzner,M.: Preissenkungen oder Lohnerhöhungen? (AG,1955,H.22, S.787-789) 13

Nöll von der Nahmer: Zur Diskussion um den Teilzahlungskredit. (TW,1955,H.5, S.134-137) 9

Ostendorf,B.: Erlaß und Herabsetzung der Hypothekengewinnabgabe zur Anpassung an die Rentabilität des Grundbesitzes.(B,1955,H.49, (Beil.), S.1-6)

Osthold,P.: Englands wirtschaftliche Sorgen. I.Vorspiel: Die Parteitage-II.Butlers Bremsbudget.(AG,1955,H.21, S.746-752)

Paulick,H.: Arbeitsverhältnisse zwischen Eltern und Kindern im Steuerrecht.(FamRZ,1955,H.11, S.317-319) 11

Schiffler,G.: Die Revision des Allgemeinen Zoll- und Handelsabkommens (GATT).- Dok.Anhang: Schlußakte der 9.Tagung der Vertragsparteien des GATT und Abkommen über die Organisation für Zusammenarbeit auf dem Gebiete des Handels vom 10.März 1955.(EA,1955,H.21, S.8337-8344)

Spitaler,A.: Unternehmen und Steuer.(BB,1955,H.28, S.873-876)

Für und wider das Teilzahlungsgeschäft. Der Bundesverband der Deutschen Industrie nimmt Stellung.(TW,1955,H.4, S.1o2)

Terstegen:Rechtsmittel gegen Beschwerde-Entscheidungen der OFD in Steuer-Strafsachen (§§ 45o und 453 AO).(FR,1955,H.22, S.514-517) 5

Theis,J.: Aufteilung der Einkommensteuer in Bundes- und Landeseinkommensteuer? Ein undurchführbarer Plan des Vermittlungsausschusses.(B,1955,H.41, S.952-953)

Vialon,F.K.: Artikel 115 des Grundgesetzes (Bundeskredite). (Öff.Haushalt,1954, H.2/3, S.92-115)

Vialon,K.F.: Haushalt und Konjunktur.(Öff.Haushalt,1954,H.4, S.157-163)

Wabnitz,W.: Das Europäische Währungsabkommen von 1955.(EA,1955, H.19,S.8237-8246)

Wacke,G.: Die Finanzverfassung.(DÖV,1955,H.19, S.577-583)

Wortlaut des Europäischen Währungsabkommens vom 5.Aug.1955 und zugehöriger Dokumente.(EA,1955,H.19, S.8247-8258)

Die Währungskonferenz von Istanbul.(1o.-16.Sept.1955)(AG,1955, H.21, S.734-735)

Wobser,E.: Der öffentliche Haushalt.Ein Vorschlag zu seiner praktischen Verwirklichung.(Öff.Haushalt,1955,H.1/2, S.43-51)

5.Strafrecht,Strafprozeß

Becker,W.: Tagung für Bewährungshilfe in Kassel.(13.-15.Okt.1955; Bericht) (RdJ,1955,H.22, S.359-36o)

Becker,W.: Die rechtliche Gestaltung der Bewährungshilfe in den Ländern.(B,1955,H.24, S.379-383)

Becker,W.: Der "Unbequemlichkeitszuschlag".Ein Beitrag zu § 18o StGB. (FamRZ,1956,H.1, S.8-1o)

Biermann,R.: Zur Revision des Staatsanwalts.(GAStr.,1955,H.12, S.353-362)

Bock,G.: Nachprüfung von Beschwerdeentscheidungen der Oberfinanzdirektionen in Strafsachen. Zur kritischen Beurteilung der Rechtsprechung des Bundesfinanzhofes.(BB,1955,H.32, S.1o22-1o24) 4

Bockelmann,P.:Strafrichter und psychologischer Sachverständiger. (GAStr.,1955,H.11, S.321-335)

Bockelmann,P.: Wann ist der Rücktritt vom Versuch freiwillig? (NJW,1955,H.39, S.1417-1421)

Brückner,G.: Sicherungsverwahrung.(DRiZ,1955,H.12, S.291)

Feil:Unbeeidigte Zeugenaussagen von Kindesmüttern.(Zbl.JugR.,1955, H.9, S.23o-231)

Händel,K.: Die Anwendung des § 24 Abs.1 Ziff.5 StGB in der Praxis. (JR,1955,H.1o, S.377-378)

Hartung,F.: Zweifelsfragen des Verbotsirrtums.(JZ,1955,H.21,S.663-666)

Heinen,B.: Arbeitstagung für Bewährungshilfe.(JZ,1955,H.23/24, S.763) (13.-15.Okt.1955 in Kassel;Bericht)

Hellmer,J.: Die rechtliche Stellung des Bewährungshelfers.(RdJ,1955, H.24, S.383-385)

Herlan,W.: Aus der Rechtsprechung des Bundesgerichtshofes in Strafsachen.(MDR,1955,H.21, S.649-653)

Herlan,W.: Aus der - nicht in der "amtlichen Sammlung"veröffentlichten - Rechtsprechung des BGH zu den strafrechtlichen Nebengesetzen.(GAStr.,1955,H.12, S.362-368)

Jüttner:Bemerkungen zu dem im GA 1955 S.2o3 erschienenen Aufsatz von Dünnebier:"Können Handlungen,die sich auf gleichgeschlechtliche Betätigung beziehen,als unzüchtige Handlungen i.S.von § 183 StGB bestraft werden,wenn die Unzucht zwischen Männern nicht mehr strafbar sein sollte?"(Stellung der kath.Kirche zum ehelichen Verkehr.)(GAStr.,1955,H.1o, S.3o7)

Zur Frage der Vor- und Ausbildung der Jugendrichter.Stellungnahmen zu dem Aufsatz von Potrykus im gleichen Heft,S.361-362.(RdJ,1955, H.23, S.362-367)

Martin,L.: Beihilfe zur Anstiftung.(DRiZ,1955,H.12, S.29o-291)

Mayer,H.: Klageerzwingungsverfahren und Opportunitätsprinzip.(JZ, 1955,H.19, S.6o1-6o5)

Meister,H.-G.: Beteiligung an der Vortat und Hehlerei.(MDR,1955, H.12, S.715-716)

Middendorff,W.: Die schwere Entscheidung. Zur Aufgabe des Jugendrichters bei der Strafzumessung.(RdJ,1955,H.24, S.387-390)

Middendorff,W.: Vorbeugen ist besser als Heilen. Weltkongreß der Vereinten Nationen über Verbrechensverhütung und Behandlung von Rechtsbrechern.(RdJ,1955,H.21, S.343-344; H.22, S.357-359)

Möllinger,O.: Gerichtsbarkeit bei Steuerdelikten.(AöR,1955,Bd.80, H.3, S.276-306) 4,7

Pelle:Um die Bewährungshilfe.(Bericht über Tagung "Bewährungshilfe in den USA und Deutschland" Juli 1955 in Essen)(Zbl.JugR.,1955, H.9, S.233-235)

Peters,K.: Erster Kongreß der Vereinten Nationen über Verbrechensverhütung und Behandlung Straffälliger.(22.Aug.bis 3.Sept.1955 in Genf; Bericht)(JZ,1955,H.22, S.714)

Potrykus:Bewährungshilfe in Nordrhein-Westfalen.(Zbl.JugR.,1955, H.9, S.224-226)

Riedel,H.: Sachverständiger Jugendrichter und Sachverständiger. (RdJ,1955,H.23, S.368-371)

Sarstedt:Nochmals: Bindung des Vorderrichters (§ 358 Abs.1 StPO) trotz Verletzung der Vorlagepflicht (§121 Abs.2 GVG) durch das Revisionsgericht.(NJW,1955,H.44, S.1629-1630) 7

Schaffstein,F.: Zur jugendstrafrechtlichen Behandlung der Heranwachsenden.(NJW,1955,H.43, S.1577-1581)

Schilling,R.: Zum Jahresbericht der Bundesprüfstelle für jugendgefährdende Schriften.(RdJ,1955,H.20, S.314-317; H.21, S.333-334)

Schneble:Zum Widerruf der Strafaussetzung bei erneuter Verurteilung.(SchlHA,1955, H.11, S.327-328)

Schultz,H.: H.-H.Jescheck, Probleme der Strafrechtsreform in der Schweiz.(ZStr.,1955,Bd.67,H.2, S.291-322)

Schweling,O.: Die Bemessung der Gesamtstrafe.(GAStr.,1955,H.10, S.289-302)

Seibert,C.: Zur Anrechnung der Untersuchungshaft.(DRiZ,1955,H.12, S.288-289)

Spisla: Nochmals: Problem des Zusammenwirkens von Richter und Staatsanwaltschaft bei der amtsrichterlichen Strafverfügung. (NJW,1955,H.40, S.1466)

Zum Steuerstrafrecht.Denkschrift des Fachinstituts der Steuerberater zum Entwurf des Gesetzes zur Änderung von Vorschriften des 3.Teiles der Reichsabgabenordnung.(FR,1955,H.19, S.446-447) 4

Von den Aufgaben und der Bedeutung der Strafrechtspflege.(DRiZ, 1955,H.12, S.295-296)

Tannstein,H.von: Strafantrag des Prozeßbevollmächtigten.(NJW,1955, H.46, S.1710-1711)

Willigmann,H.-U.: Gedanken und Vorschläge zu § 154 c StPO.(NJW, 1955,H.47, S.1747-1749)

6.Kriminalistik,gerichtliche Medizin

Die Aufgaben des Bundeskriminalamtes.(DRiZ,1955,H.12, S.297)

Falck,E.: Der technische Sachverständige im Strafprozeß.(JR,1955, H.8, S.285-289) 5

7.Gerichtsverfassung (einschließlich Notariat und Anwaltschaft)

Amelunxen: Der soziale Rechtsstaat verlangt Richter und Staatsanwälte ohne Scheuklappen.(Auszug)(DRiZ,1955,H.10, S.245-246) 3

Bundesbesoldungsreform.(DRiZ,1955,H.10, S.249-250)

Ardsiek,G.: Zur Frage der Simultanzulassung.(JZ,1955,H.21, S.666-668)

Friedrichs,H.: Heran an die "Große Justizreform"! (DRiZ,1955,H.11, S.264-265)

Hartung,F.: Generalklausel und kein Ende.(FR,1955,H.23, S.530-532) 3

Heyer,L.F.: Ausschließliche Zuständigkeit des Arbeitsgerichts für Rechtsstreitigkeiten aus Lohnpfändungen und Folgen.(MDR,1955,H.11, S.657-658) 13

Entschließung der 24.Justizministerkonferenz zum Richtergesetz,zur Richterbesoldung und zur Zusammenfassung der Verwaltung aller Gerichtszweige.(DRiZ,1955,H.12, S.293)

Kniesch,J.: Teilfragen des Revisionsrechts. Notwendigkeit einer Novelle zum Gerichtsverfassungsgesetz.(MDR,1955,H.11, S.639-642; H.12, S.707-709)

Löhlein,E.: Ist § 209 SGG verfassungswidrig? (SGb,1955,H.3, S.68-69)

Lorck,C.v.: Zur Unabhängigkeit des Richters.(SchlHA,1955,H.10, S.290-292)

Neumayer,F.: Von der Arbeit und den Plänen des Bundesjustizministeriums.(Auszug aus der Ansprache auf dem 41.Juristentag)(DRiZ, 1955,H.10, S.230-232) 3,5

Beschleunigte Verabschiedung des Rechtspflegergesetzes und der Bundesrechtsanwaltsordnung dringend geboten.(DRiZ,1955,H.12, S.294)

Zur Richterbesoldung in Bayern.(DRiZ,1955,H.10, S.250)

Denkschrift des DRB zur Frage der Einbeziehung der Staatsanwälte in das Richtergesetz.(DRiZ,1955,H.11, S.254-256) 3

Entschließung des Präsidiums zur Stellungnahme der Innenminister. (Richtergesetz)(DRiZ,1955,H.1o, S.248-249) 3

Riedel,E.: Suprema lex!(-Salus collegae)(DRiZ,1955,H.12, S.293)

Riedel,H.: Zum Entwurf des Rechtspflegergesetzes.(DRiZ,1955,H.1o, S.24o)

Gerichte des Saargebietes sind deutsche Gerichte.(BB,1955,H.29, S.9o9)

Schmidt,J.: Gedanken zum hessischen Ortsgerichtsgesetz.(Gem.Tag, 1955,H.9, S.177-184)

Schneble:Wiedereinführung des Gerichtsstandes des Verwahrungsortes (§ 8 a StPO).(MDR,1955,H.21, S.656-657) 5

Tietgen,W.: Rechtlich unzulängliche Richterbesoldung.(DRiZ,1955, H.1o, S.238-24o)

Wahle,K.: Die Bedeutung der Internationalen Richtervereinigung für die richterliche Unabhängigkeit.(DRiZ,1955,H.11,S.256-257) 1

Wohlfahrt,E.: Gerichtsbarkeit über fremde Streitkräfte.(DRiZ, 1955,H.1o, S.232-234) 2,5

8.Freiwillige Gerichtsbarkeit

Bärmann,J.: "Echtes Streitverfahren" in der freiwilligen Gerichtsbarkeit.(AcP,1955,Bd.154,H.5, S.373-421)

Brüggemann: Kann das Jugendamt gegen eine Volljährigkeitserklärung Beschwerde einlegen?(Zbl.Jug.R.,1955,H.1o, S.255-262; H.11,S.287-29o) 11

9.Zivilrecht,Zivilprozeß

Deutscher Juristentag und Allgemeine Geschäftsbedingungen.(WuW, 1955,H.11, S.714-715)

Arndt:Die Verlängerung der Berufungsbegründungsfrist.(DRiZ,1955, H.11, S.263)

Aschenbrenner,O.: Schutzmaßnahmen gegen Ratenschwindler.(TW,1955, H.4, S.128-129)

Bark,G.R.: Der Teilzahlungskredit als Mittel zur Förderung und Lenkung des Stromabsatzes.(TW,1955,H.4, S.1o9-111)

Baur,F.: Die Rechtsprechung des Bundesgerichtshofs in Zivilsachen. Band 13 bis 16 der Amtl.Sammlung.(JZ,1955,H.19, S.6o7-611; H.2o, S.635-638)

Beitzke,G.: Der gesetzliche Wohnsitz des ehelichen Kindes.(NJW, 1955,H.43, S.1586-1587) 11

Richterliches Beratungsgeheimnis und richterliche Meinungsfreiheit. (DRiZ,1955,H.12, S.296)

Blomeyer,A.: Non liquet.(Behandlung der Unbeweisbarkeit bestrittener Sachbehauptungen im Statusverfahren über die uneheliche Kindschaft)(JZ,1955,H.19, S.605-606)

Böhmer,E.: BGB § 47. - Grundsätze zur Bemessung des Schmerzensgeldes. - BGH,6.7.1955, GSZ 1/55 m.Anm.(JZ,1955,H.21,S.670-676)

Dommnich,W.: Die Rechtsbeziehungen zwischen Eigentümer und Untermieter.(NJW,1955,H.44, S.1620-1623; ZMR,1955,H.11, S.322-327)

Drouillat,R.: Die französische Gesetzgebung auf dem Gebiete des Privatrechts 1948-1953.(ZIPR,1955,H.2, S.291-315) 10,11,12

Eisner,F.: Zur Rationalisierung der Rechtspflege.(DRiZ,1955,H.12, S.285-288)

Friese:Wahrnehmung auswärtiger Beweistermine durch den Armenanwalt.(NJW,1955,H.41, S.1500-1503)

Galser,H.: Recht des Geschäftsraummieters zur Benutzung der Außenwand des Geschäftshauses zu Werbezwecken.(MDR,1955,H.21, S.644-646)

Gassert,G.: 30 Jahre private Krankenversicherung.(ASP,1955,H.11, S.343-346) 13

Gelhaar,W.: "An sich angemessenes Schmerzensgeld".(JZ,1955,H.23/24, S.731-732)

Goetze:Schlußurteil des OLG im Volkswagenprozeß.(NJW,1955,H.48, S.1788-1789)

Grund:Der notwendige Unterhalt nach § 850 d Abs.1 ZPO.(NJW,1955, H.43, S.1587-1588) 11

Haage,H.: Die Rechte des Käufers wegen Mängel der Ware bei dem überseeischen Abladegeschäft.(BB,1955,H.30, S.944-946)

Hans:Die Rechtsprechung zum Wohnraumbewirtschaftungsgesetz.(DVBl., 1955,H.21, S.697-701)

Hertz,P.: Teilzahlungskredit als Pionieraufgabe.(TW,1955,H.3, S.74-75) 4

Hesberg,C.: Um die Mieten im sozialen Wohnungsbau.Richtigstellung von Falschmeldungen.(DWW,1955,H.11, S.255-256)

Holzapfl:Die Rechtslage bei Mietvereinbarungen aus der Zeit vom 1.Jan.-31.Juli 1955.(ZMR,1955,H.12,S.357-359)

Kirchberger,H.: Umgestaltung der Revision beim BGH nach amerikanischem Vorbild? (NJW,1955,H.41, S.1497-1500) 7

Kohlmann,K.: Ansparverträge - ein zulässiges Mittel der Kundenwerbung? (TW,1955,H.2, S.49-51)

Kühlewein,R.: Zur Lehre von der adäquaten Verursachung.(NJW,1955, H.43, S.1581-1583)

Lanz,K.: Das Subventions-System im englischen Wohnungsbau.Zu einer aufschlußreichen Londoner Untersuchung.(DWW,1955,H.8, S.182-183)

Lüke,G.: Erfolglosigkeit des Sühneverfahrens in Ehesachen? (FamRZ, 1955,H.12, S.342-346) 9

Lurz:Die Flurbereinigung und die private Rechtssphäre.(NJW,1955, H.48, S.1780-1782) 3

Menge,R.: Die Kreditsituation des Einzelhandels im Jahre 1954. (TW,1955,H.2, S.38-40) 4

Meyer,K.E.: Negative Feststellungsklage des Schuldners und Leistungsklage des Gläubigers.(NJW,1955,H.46, S.1702-1705)

Mittelstein,R.: Rückforderung des Baukostenzuschusses bei fristloser Kündigung, Mietaufhebung und Minderung.(MDR,1955,H.10, S.584-586)

Möller,E.: Probleme zum Kundenfinanzierungsvertrag.(NJW,1955,H.39, S.1421-1424)

Mohrbutter,J.: Rechtsfragen zum Grundstückswert in der Zwangsversteigerung.(MDR,1955,H.12, S.711-715)

Mühl:Die Wirkung der Aufrechnung mit öffentlich-rechtlichen Gegenforderungen im Zivilprozeß.(NJW,1955,H.40, S.1461-1463)

Nehring,H.: Aufnahme von Dritten in eine Mietwohnung (DWW,1955, H.9, S.209-211)

Oschmann,M.: Gewerberaum in öffentlich geförderten Wohnungsbauvorhaben.(BB,1955,H.31, S.979-982)

Prost,G.: Staatliche Einflußnahme auf Allgemeine Geschäftsbedingungen? (BB,1955,H.33, S.1033-1035) 1

Pursch,E.R.: Das Dienstwohnungsrecht.(Öff.D.,1955,H.9, S.166-170)

Redeker,K.: Verfügungsrecht des freibauenden Mieters gegenüber dem Wohnungsamt.(MDR,1955,H.10, S.582-584) 3

Riedel,H.: § 765 a ZPO und das Zwangsversteigerungsverfahren. (NJW,1955,H.46, S.1705-1707)

Rönitz:Manipulierte Wohnwerte.(DWW,1955,H.11, S.251-253)

Rückzahlungspflicht des Käufers gegenüber dem Finanzierer auch bei Nichterfüllung durch den Verkäufer.(TW,1955,H.2, S.53-54)

Schiedermair,G.:Die Anordnung der erst künftig durchführbaren erbbiologischen Untersuchung durch Beweisbeschluß des Prozeßgerichts. (FamRZ,1955,H.10,S.282-284) 11

Schmidt,W.: Zum Begriff des angemessenen und des ausreichenden Ersatzwohnraums nach § 30 WohnBewG.(NJW,1955,H.44, S.1626-1627)

Schroeter,F.: Die Musterverträge für Teilzahlungsgeschäfte in der Elektro-Rundfunk-Fernseh-Wirtschaft.(TW,1955,H.3, S.88-92)

Schütz,W.: Verpflichtet nur Grundeigentum?(DWW,1955,H.9, S.207-209)

Schulte-Kellinghaus: Zur Kostenerstattung bei Prozeßvertretung durch Vermieter- oder Mietervereinigungen. (NJW,1955,H.44, S.1627-1629)

Schumann,A.: Nochmals Gebühren des Rechtsanwalts bei Stellvertretung. (MDR,1955,H.1o, S.593-595)

Stegner,A.: Eigentumsbildung oder Konsumkredit? (ASP,1955,H.5, S.137-142)

Stein,W.: Teilzahlungsvertrag und verlängerter Eigentumsvorbehalt. (TW,1955,H.5, S.157-161)

Steinberg,H.: Die Änderungen des Geschäftsraummietrechts nach dem Bundesmietengesetz. (DWW,1955,H.8, S.183-185)

Szagunn,V.: Fragen der rechtsgeschäftlichen Wertsicherung. (BB,1955, H.31, S.969-973)

Die genossenschaftlichen Teilzahlungsbanken. (TW,1955,H.2, S.41-44) 4

Tosberg,A.: "Geschäftliche"Krankenversicherung? (ASP,1955,H.11, S.341-342) 13

Webler,H.: Die Bedeutung des Reifegradgutachtens für den Unterhaltsprozeß des unehelichen Kindes. (Zbl.JugR,1955,H.11,S.291-292) 11

Weimar,W.: Zweifelsfragen nach dem Bundesmietengesetz. (DRiZ,1955, H.1o, S.234-236)

Weiß,F.: Die Kostenzusammenhänge in der Teilzahlungskreditwirtschaft. Zur Frage der Sittenwidrigkeit eines Teilzahlungsaufschlages von 1% pro Monat auf den gesamten Restkaufpreis. (TW,1955, H.3,S.93-95)

Werthauer,K.: Geschäftsraummieten in West-Berlin. (BB,1955,H.34, S.1o74)

Witte,W.: Zum Einverständnis mit einer Entscheidung ohne mündliche Verhandlung. (NJW,1955,H.4o,S.1465-1466)

Zeitlmann,R.: Wann haben alleinstehende Mieter Mieterschutz? (DWW,1955,H.8,S.194)

1o. Handelsrecht, Wertpapierrecht, Urheber- und Erfinderrecht

Alexander-Katz,G.; H.Klaus: Wiederholungsgefahr und Schadensersatzanspruch bei wettbewerbswidrigen Handlungen. (JZ,1955,H.22, S.697-699)

Baudouin-Bugnet,P.: Die Neuordnung der französischen Gesellschaft mit beschränkter Haftung. (AcP,1955,Bd 154,H.5,S.421-426)

Belegschaftsaktien mit Kurssicherung. (AG,1955,H.23/24,S.826-827) 13

Benkendorff,G.: Die Befreiung vom Kartellverbot. (WuW,1955, H.11,S.681-688)

Berg,G.A.; Capelle: Bindungen der Wiederverkäufer an Markenartikelpreise - Rechtswirksamkeit der Bindungen? (BB,1955,H.29,S.917-921)

Boesebeck,E.: Stimmenthaltung bei der Entlastung von Vorstand und Aufsichtsrat.(NJW,1955,H.45, S.1657-1659) 5

Büntig,H.: Preisbindung des Einzelhandels durch Hersteller von Markenartikeln.(BB,1955,H.35/36, S.1114-1115)

Deichsel,St.: Nochmals: Zur Behandlung technischer Verbesserungen im neuen Recht der Arbeitnehmererfinder.(ArbuR,1955,H.11, S.335-338) 13

Ordentliche Hauptversammlung der Deutschen Vereinigung für gewerblichen Rechtsschutz und Urheberrecht in Stuttgart am 3o.Sept.1955. (GRUR,1955,H.11, S.526-531)

Droste,K.: Zur Frage der Eintragung unzulässig betriebener handwerklicher Unternehmen in das Handelsregister.(B,1955,H.47, S.11o7-11o9; H.48, S.1133-1134)

Etzel; Zur Frage der Absatzorganisation des Ruhrbergbaues.(WuW,1955, H.1o, S.645-651)

Gamm,O.-F.Freih.von:Veräußerung der Firma im Konkurs.(MDR,1955, H.21, S.646-647)

Glaser,H.: Die Mängelrüge im Handelsrecht.(JR,1955,H.8, S.281-284)

Gleiss,A.: Wettbewerbsordnung im amerikanischen Luftverkehr. (WuW,1955,H.11, S.699-7o8)

Gleiss,A.;W.Zipfel:Die Marktordnung in der Milchwirtschaft nach geltendem und künftigem Kartellrecht.(WuW,1955,H.1o, S.639-644)

Günther:Arbeitstagung der Kartellreferenten.(WuW,1955,H.11, S.712-713)

Haering,H.G.C.: Angriff auf die Nichteisen-Metallindustrie.(Zum Bericht der britischen Monopolkommission über kollektive Diskriminierungen.)(WuW,1955,H.1o, S.634-636)

Haering,H.G.C.: Bericht der britischen Monopolkommission über kollektive Diskriminierungen.(WuW,1955,H.1o, S.618-631)

Hees,W.: Die Sicherheitsleistung einer GmbH für Verbindlichkeiten ihres Gesellschafters.(B,1955,H.41, S.962-963)

Heim,W.: Luftfrachtvertrag,Luftfrachtbrief und Frachtbriefdritt. (B,1955,H.42, S.985-986)

Henssler,E.: Urheberschutz für Modeschöpfungen.(JZ,1955,H.22, S.693-697)

Ipsen,H.P.: Kollision und Kombination von Prüfungsschriften des Haushalts- und Aktienrechts.(JZ,1955,H.19, S.593-6o1) 4

Kühne,K.: Vorurteile und Fehlurteile im Kartellstreit.(Gew.Mon. H.1955, H.1o, S.615-622)

Kuhlmann: Gewerbebetrieb und Fotokopie: Die Konsequenzen des Fotokopierurteils des BGH.(B,1955,H.43, S.1o12-1o13)

Kühlmann,H.G.: Das Urheberrecht von Arbeitnehmern.(B,1955,H.46, S.1o89-1o9o) 13

Lieberknecht,O.: Änderung der Antritrustgesetze (USA).(WuW,1955, H.1o, S.637-638)

Lieberknecht, O.: Lizenzverträge und Dekartellierungsrecht.Anm. zum Urt.des BGH v.18.März 1955- IZR 144/53 ("Kokillenguß"). (WuW,1955,H.1o, S.657-66o)

Lieberknecht,O : Tagung des Fachausschusses für Kartellrecht des "Grünen Vereins".(WuW,1955,H.11, S.713-714)

Lindenmaier,F.: Die Haftung des Patentinhabers bei Veräußerung des Patents in Lizenzbestellung.(Vortrag) (GRUR,1955,H.11,S.5o7-512)

Mein,H.: Das Arbeitsrecht in der Rechtsprechung des BGH zum Literaturuhrhebergesetz.(AG,1955,H.22, S.799-8o1) 13

Möhring,Ph.: Der gewerbliche Rechtsschutz und die kommende Kartellgesetzgebung.(Vortrag) (GRUR,1955,H.11, S.512-518)

Mordhorst,G.: Entschädigungslose Ausschließung eines GmbH-Gesellschafters.(NJW,1955,H.42, S.1542-1545)

Osthold,E.-A.: Der Schutz von Urheberechten nach dem Lit.Urh.Ges. bei Betriebsfeiern.(AG,1955,H.19, S.672-674) 13

Pape,F.-W.: Gesellschaftsmäntel und Namensgesellschaften.(BB,1955, H.35/36, S.1o99-11o1)

Paterna,E.: Gewerblicher Rechtsschutz.Entscheidungen.(MDR,1955, H.11, S.658-661)

Rasch,H.: Kartellverbot und Grundgesetz.(WuW,1955,H.11, S.667-681) 3

Rosenau,H.: Wann darf ein freier Erfinder die Tarifvergünstigung in Anspruch nehmen? (GRUR,1955,H.1o, S.461-462)

Scherer,W.: Einlösung ungedeckter Schecks durch die Bank und die Lehre vom Kontokorrent.(NJW,1955,H.39, S.1426-1427) 9

Schmitz,W.: Die weitere Entwicklung der österreichischen Kartellrechtsprechung.(Teil 1)(WuW,1955,H.11, S.689-699)

Sölter,A.: Konjunktur- und Strukturkrisenkartelle.(B,1955,H.49, S.1157-1158)

Spengler,A.: Ergänzender wettbewerbsrechtlicher Leistungsschutz in den Grenzgebieten des gewerblichen Rechtsschutzes und des Urheberrechts.(WuW,1955,H.1o, S.599-618)

Sprengler,A.: Anlehnung an fremde Werbung als unlauterer Wettbewerb? (B,1955,H.39, S.913-914)

Steindorff,E.: Das Verbot der Preisbindung für Markenartikel nach geltendem Recht.(BB,1955,H.32, S.1oo1-1oo6)

Strickrodt,G.: Das Kartellverbot in verfassungsrechtlicher Betrachtung.(NJW,1955,H.46, S.1697-17o2) 3

Tetzner,H.: Gedanken zu § 2 des "Böhm-Entwurfs".(Gesetz gegen Wettbewerbsbeschränkungen) (WuW,1955,H.1o, S.644-645)

Thiesing,J.: Die Neuordnung der Kohleabsatz- und -einkaufsorganisationen.(BB,1955,H.34, S.1o7o-1o72)

Ulmer,Eu.: Grundfragen des Filmrechts.(Vortrag) (GRUR,1955, H.11, S.518-526)

Weiss,W.: Die Anmeldung im Tatbestand der widerrechtlichen Entnahme.(GRUR,1955,H.1o, S.455-46o)

Das Wettbewerbsthema in Bad Ischl.Die wichtigsten Vorträge auf der 1o.Jahrestagung der Wirtschaftswissenschaftlichen Gesellschaft für Oberösterreich. (WuW.1955.H.11,S.7o8-711)

11.Familienrecht

Alebrand,H.: Die Bildung von Gesamtgut der Ehegatten am Hausrat gemäß § 1353 Abs. 1 BGB.(FamRZ,1955,H.12, S.348-35o)

Bereiter-Hahn,W.: Nochmals: Der Unterhaltsverzicht im Scheidungsverfahren und die öffentliche Fürsorge.(FamRZ,1955,H.1o, S.279-281) 3

Danneh1,K.: Der Einfluß einer nicht voraussehbaren Verbesserung der wirtschaftlichen Verhältnisse des geschiedenen unterhaltspflichtigen Gatten auf den Anspruch des unterhaltsberechtigten Gatten. (MDR,1955,H.1o, S.575-578)

Frantz:Zur Abstammungs-Feststellungsklage(DRiZ,1955,H.12,S.282-285) 9

Kleinheyer,G.: Unterhaltspflicht und Kindergeld.(FamRZ,1955,H.12, S.35o-353) 13

Kollmeyer,A.: Die Wirtschaftsfähigkeit der Frau im Höferecht. (MDR,1955,H.12, S.7o9-711) 9

Maué,B.: Zur Frage des gesetzlichen Güterstandes.(FamRZ,1955,H.1o, S.281-282)

Mezger,E.: Reform des Rechtes der unehelichen Kinder in Frankreich durch das Gesetz vom 15.Juli 1955.(FamRZ,1955,H.1o,S.273-277)

Neuhaus,P.H.: Staatliche und kirchliche Eheschließung in rechtsvergleichender Sicht.(FamRZ,1955,H.11, S.3o5-31o)

Nürnberger,S.: Stiefkind der Gesetzgebung.Das außereheliche Kind im Bundesversorgungs- und Kindergeldgesetz.(RdJ,1955,H.2o,S.313-314)

Paulick,H.: Der Einfluß des Steuerrechts auf Eheschließung und Ehescheidung.(FamRZ,1955,H.12, S.346-348) 4

Schwab,K.H.: Die Feststellung des Verschuldens im Ehenichtigkeitsurteil.(JZ,1955,H.23/24, S.730-731)

Wüstenberg:Die Rechtsprechung des Bundesgerichtshofes auf dem Gebiete des Eherechts.(DRiZ,1955,H.12, S.278-281) 9

12.Internationales Privatrecht

Czapski,G.: Niederländische Rechtsprechung zum internationalen Privat- und Prozeßrecht.(ZIPR,1955,H.2, S.315-339) 9,10,11

Mannes,B.: Endet die vormundschaftliche Gewalt an der Landesgrenze? (Zbl.JugR.,1955,H.9, S.221-224) 8,11

Neuhaus,P.H.: Internationales Zivilprozeßrecht und internationales Privatrecht.(ZIPR,1955,H.2, S.201-269) 9

Neuhaus,P.H.: Legitimation und ordre public. Amtsgericht Bingen, Beschluß vom 24.7.1952 Landgericht Frankfurt/M.,Beschluß vom 6.12. 1953; Oberlandesgericht Celle,Beschluß vom 13.7.1954: mit Anmerkung.(ZIPR,1955.H.2, S.340-350) 11

Schwenk,E.H.: Scheidung amerikanischer Ehen durch deutsche Gerichte. (NJW, 1955,H.46, S.1707-1709) 11

Serick,R.: Wandlungen im französischen internationalen Ehescheidungsrecht und ihre Bedeutung für den deutschen Richter.(FamRZ, 1955,H.11, S.311-315) 11

13.Arbeitsrecht (einschließlich Verfahren)

Aldermann,F.: Beteiligung der Arbeitnehmer an nichtverteilten Gewinnen.(ASP,1955,H.9, S.273-277)

Wer darf Arbeitsrichter sein? (AG,1955,H.20, S.693-694)

Auerbach,W.: Unerwartete Übereinstimmung und vordergründige Optik. In der Denkschrift des Bundes katholischer Unternehmer "Existenzsicherheit in der industriellen Gesellschaft" (Soz.Sicherh.,1955, H.12, S.358-360) 3

Auffahrt,F.: Die betriebsbedingte Kündigung im öffentlichen Dienst, insbesondere auf Grund von Sparmaßnahmen.(RdA,1955,H.11,S.409-413) 3

Bauer,H.: Ein Vergleich der Sozialversicherungssysteme des Bergbaus.(AG,1955,H.19, S.659-662)

Becker,W.: Jugendfragen im AVAVG.(RdJ,1955,H.10, S.308-309)

Becker,W.: Mehr Schutz der arbeitenden Jugend vor sittlichen Gefahren ist nötig! Bemerkungen zum Referentenentwurf eines neuen Jugendarbeitsschutzgesetzes vom Standpunkt des Fachausschusses Jugendschutz der Arbeitsgemeinschaft Jugendpflege und Jugendfürsorge.(RdJ,1955,H.21, S.336-340)

Beuster,H.: Das Klagensystem nach dem Sozialgerichtsgesetz.(SGb, 1955,H.7, S.196-199)

Blobel,K.: Zur freiwilligen Weiterversicherung in der Krankenversicherung während eines Streiks.(Soz.Sicherh.,1955,H.12, S.371-372)

Bobrowski,P.: Das Arbeitsverhältnis von Montagearbeitern bei Auslandsmontagen.(B,1955,H.39,(Beil.), S.1-4)

Bogs,W.: Probleme der Sozialreform.(DÖV,1955,H.2o, S.621-625)

Bolin,B.: Das schwedische Schlichtungswesen.(BB,1955,H.28, S.9o1-9o3)

Bremer,R.: Landwirtschaft und Löhne.(AG 1955,H.23/24, S.841-842)

Brückers,W.: Nochmals: Die Sozialversicherung Nord-Amerikas. (ASP,1955,H.5, S.157-159)

Brüggmann,W.-D.: Arbeitslosenversicherung - einfacher? (BArbBl., 1955,H.18, S.8o7-812)

Buchwitz: Die Arbeitslosenfürsorge und § 54 SGG.(SGb,1955,H.11, S.321-323)

Bues,H.: Beobachtungen auf dem Gebiet der Arbeits- und Sozialpolitik in den Vereinigten Staaten von Amerika.(ASP,1955,H.12, S.365-369)

Bues,H.: Probleme des Arbeitsschutzes Jugendlicher. Aus den Jahresberichten der Gewerbeaufsichtsämter für das Jahr 1951/52.(RdJ,1955, H.2o, S.321-324)

Butz,H.: Das kündigungspflichtige Probearbeitsverhältnis.(BB,1955, H.35/36, S.1147-115o)

Butz,H.: Der Hausarbeitstag für Frauen mit eigenem Hausstand.(B, 1955,H.51/52 (Beil.), S.1-8)

Der erste außerordentliche Kongreß der Christlichen Gewerkschaftsbewegung Deutschlands (CGD) vom 26.11.55 in Bochum. (AG,1955,H.23/24, S.832-833)

Debus,K.: Der Stand der Sozialreform.(Gew.Mon.H.,1955,H.1o, S.623-629) 3

Dirks,H.: Zur Psychologie der Abwerbung.(B,1955,H.45, S.1o46-1o47)

Driskes,G.: Die arbeits- und sozialpolitische Tätigkeit des Bundesrates im Sitzungsabschnitt 1954/55.(ASP,1955,H.12, S.381-384)

Ehrenberg,H.: Die konjunkturelle Bedeutung eines langfristigen Sozialplanes und das Deckungsverfahren in der sozialen Rentenversicherung.(Soz.Sicherh.,1955,H.12, S.361-363)

Englert:Rückblick auf den Deutschen Fürsorgetag 1955.(Zbl.Jug.R, 1955,H.1o, S.265-268) 3

Fendel:Streik,Aussperrung und Wiedereinstellung.(RdL,1955,H.9, S.238-239)

Franke,R.: Bemerkungen zu der Rechtsprechung des Bundesarbeitsgerichtes zu § 3 TOA. (ArbuR,1955,H.1o, S.3o8-312)

Frey,O.: Die Stellung des Arbeitnehmers im Vergleichsverfahren.(ArbuR, 1955,H.11, S.343-346) 2

Galperin,H.: Probleme des § 9 TVG.(RdA,1955,H.1o, S.368-371)

Gassert,G.: Zur Diskussion um die Sozialreform.(ASP,1955,H.12,S.369-372)

Gassert,G.: Schutzbedürftigkeit.(ASP,1955,H.5, S.144-147)

Gaul,D.: Die Bedeutung der Frauenlohnurteile des Bundesarbeitsgerichts für die Tarifpraxis und das ILO-Übereinkommen 100.(RdA,1955, H.1o, S.361-368) 3

Georgi,Ch.: Gewerkschaft und Betrieb.(Gew.Mon.H.,1955,H.11,S.66o-663)

Gerl:Die Rechtsfolge des § 96 SGG.(SGb,1955,H.9, S.259-261; H.1o, S.296-298)

Ginhold,W.: Zum Referentenentwurf eines neuen Jugendarbeitsschutzgesetzes vom Standpunkt des DGB aus.(RdJ,1955,H.22, S.35o-354)

Grömig,H.: § 67 SGG: Wiedereinsetzung in den vorigen Stand.(SGb, 1955,H.3, S.69-72)

Grüll,F.: Die Angleichung "Arbeiter - Angestellte" aus der Sicht der sozialrechtlichen Entwicklung.(ASP,1955,H.1o, S.3o9-312)

Grüll,F.: Die Mitwirkung des Betriebsrats bei der Anordnung von Überstunden.(ASP,1955,H.12, S.374-375)

Grüll,F.: Die soziale Verantwortung des Betriebsrats gegenüber dem Unternehmen.(ASP,1955,H.5, S.142-144)

Gumpert,J.: Kündigungsfristen und Kündigungstermine für Arbeitsverhältnisse.(BB,1955,H.35/36, S.114o-1143)

Gumpert,J.: Rechtsbehelfe gegen Abwerbung von Arbeitnehmern und Ausscheiden von Arbeitnehmern unter Vertragsbruch.(BB,1955,H.3o, S.964-967)

Hampel,G.: Die Verflechtung der Sozialleistungen.(DÖV,1955,H.2o, S.617-621)

Hastler,H.: Zur Frage der Zulassung von Rechtsmitteln im Verfahren der Sozialgerichtsbarkeit.(SGb,1955,H.9, S.257-259)

Heimeier:Betriebsbedingte Kündigung nach dem Kündigungsschutzgesetz.(B,1955,H.47, S.1117-1119)

Heinze,F.: Wozu Deckungskapital in der Rentenversicherung?(AG,1955, H.2o, S.7o4-7o6)

Heissmann,E.: Die wichtigsten Rechtsfragen der betrieblichen Altersversorgung.(RdA,1955,H.1o, S.371-378)

Henkelmann,W.: Rentenberechnung auf Lohnindexbasis.(Soz.Sicherh., 1955,H.12, S.353-358)

Hessel:Zwei Grundsatzfragen aus dem Tarif- und Arbeitskampfrecht. (BB,1955,H.32, S.1o28-1o3o)

Heubeck,G.: Die betriebliche Altersversorgung zum 31.Dez.1955. (B,1955,H.49,S.1145-1147) 4

Hoernigk,R.: Gedanken zur Reform der sozialen Leistungen in Verbindung mit dem Rentenmehrbetrags- und dem Sonderzulagengesetz.(BB, 1955,H.35/36, S.11o1-11o3)

Hoffmann,E.: Ist ein Berufsausbildungsgesetz nötig? (RdJ,1955,H.1o, S.297-3o1)

Hueck,A.: Vertragstheorie und Eingliederungstheorie.(RdA,1955,H.9, S.323-328)

Hunn,F.: Der Urlaubsanspruch.(ArbuR,1955,H.1o, S.3o1-3o8)

Jaerisch:Zum Betriebsverfassungsrecht. Aus der neueren Rechtsprechung des Bundesarbeitsgerichts.(Betriebswahl) (ASP,1955,H.11, S.355-357)

Jaerisch: Aus der Rechtsprechung des Bundesarbeitsgerichts.(ASP, 1955,H.12, S.387-39o)

Jaerisch:Aus der Rechtsprechung des Bundesarbeitsgerichts zum Verfahrensrecht.(JR,1955,H.1o, S.368-373)

Jaerisch: Zum Streikrecht. Aus der neueren Rechtsprechung des Bundesarbeitsgerichts.(ASP,1955,H.1o, S.319-322) 1

Jaeschke,P.: Abänderungsvorschläge zum Selbstverwaltungsgesetz in der Sozialversicherung.(ASP,1955,H.5, S.152-154)

Jaeschke,P.: Die "Neutralität" von Gewerkschaften in parteipolitischer und konfessioneller Hinsicht.(ASP,1955,H.11, S.349-351) 1

Verzeichnis der internationalen sozialpolitischen Abkommen aus dem Geschäftsbereich des Bundesministers für Arbeit.(Stand: 1.Dezember 1955).(BArbBl.,1955,H.24, S.1o98-11o5)

Kauffmann,H.: Beschlußfähigkeit des Aufsichtsrats bei Mängeln der Wahl oder fehlerhafter Feststellung der gewählten Arbeitnehmervertreter? (B,1955,H.49, S.1164-1166) 1o

Koenigs,F.: Anspruch des Arbeitgebers auf Unterlassung anderweiter Tätigkeit bei Vertragsbruch des Arbeitnehmers?(B,1955,H.45, S.1o64-1o65)

Krebs:Wann liegt Mutwillen vor? (SGb,1955,H.1o, S.292-294)

Krebs,H.: Zur Frage des ursächlichen Zusammenhangs in § 214 Abs.1 Ziff.1 SGG.(SGb,1955,H.6, S.166-168)

Lenhoff,A.: Der Zusammenschluß der American Federation of Labor und des Congress of Industrial Organizations.(RdA,1955,H.1o, S.378-382) 1

Leve,Ph.: Zwei Jahre Schwerbeschädigtengesetz. Ergebnisse und Erfahrungen bei der Durchführung des Gesetzes in Nordrhein-Westfalen. (BArbBl.,1955,H.19, S.868-872)

Die Krise der sozialen Sicherheit und das Lohnproblem. (AG,1955,H.22, S.779-780)

Linke,O.: Zulassung verspäteter Kündigungsschutzklagen - Der Begriff der "zuzumutenden Sorgfalt" im Sinne des § 4 Abs.1 des Kündigungsschutzgesetzes.(BB,1955,H.29, S.931-935)

Ludwig,K.: Über den Rentenbeginn (§ 1286 RVO,§ 41 AVG).(BArbBl.,1955, H.24, S.1o94-1o96)

Mantler,K.: Wie's die anderen machen.Die Österreichischen Arbeiterkammern.(Gew.Mon.H.,1955, H.11, S.700-701)

Meis,W.: Um ein neues Jugendarbeitsschutzgesetz.(ArbuR,1955,H.1o, S.289-297)

Meis,W.: Läßt sich die Einführung der 40-Stunden-Woche durch ein neues Jugendarbeitsschutzgesetz mit den Erfordernissen der Berufsausbildung vereinbaren?(RdJ,1955,H.22, S.354-357; H.23,S.371-374)

Meissinger,H.: Typische Verträge in der Revisionsinstanz.(BB,1955, H.34, S.1o92-1o95)

Meissinger,H.: Die normative Wiedereinstellungsklausel.(B,1955,H.4o, S.945-947)

Im Mittelpunkt der Mensch.(AG,1955,H.19, S.648-65o)

Müller,E.: Die Gewerkschaftsspaltung und die soziale Befriedung. (AG,1955,H.23/24, S.842-843) 1

Neumeister,H.: Zur "Onkel-Ehe". Ein Gegenstand der Sozialreform. (FamRZ,1956,H.1, S.11)

Osswald, R.: Der Verdacht einer strafbaren Handlung und das Recht zur fristlosen Entlassung.(AG,1955,H.21, S.755-759)

Osthold,E.-A.: Die Einwirkung des Beschleunigungsgrundsatzes auf die Kündigungsschutzklage.(B,1955,H.51/52, S.1224-1225)

Pohl,K.: Teilzeitarbeit für Frauen.(BArbBl.,1955,H.2o, S.9oo-9o3)

Pommerenelle,L.: Förderungslehrgänge für noch nicht berufsfähige Jugendliche - eine berufsnachwuchspolitische Maßnahme.(B,1955,H.24, S.377-379)

Rehhahn,H.: Zur arbeitsrechtlichen Problematik von Zeitakkorden. (ArbuR,1955,H.11, S.325-334)

Reinicke,G.u.D.: Die Auslegungsgrundsätze des Bundesarbeitsgerichts. (NJW,1955,H.45, S.1662-1666) 1

Rewolle,H.-D.: Tätigkeit bei einem anderen Arbeitgeber nach Arbeitsvertragsbruch.(BB,1955,H.32, S.1030-1031)

Riedel,H.: Die praktische Durchführung des Jugendarbeitsschutzes. Eine kritische Betrachtung zum Referentenentwurf.(RdJ,1955,H.21, S.340-343)

Röder,R.: Der Umfang und die Leistungen der Alters- und Hinterbliebenen-Versicherung in den USA.(ASP,1955,H.11, S.353-355)

Röder,R.: Die 40-Stunden-Woche in den USA.(ASP,1955,H.12, S.380-381)

Rohrbeck,W.: Charakteristik der Rothenfelser Denkschrift zur Neuordnung der sozialen Leistungen und einige grundsätzliche Bemerkungen dazu.(DÖV,1955,H.20, S.613-617)

Rohwer-Kahlmann,H.: Die Zulässigkeit von Berufung und Revision in Altfällen (§§ 214,215 SGG).(SGb,1955,H.7, S.193-195; H.8, S.225-227)

Rudolph,A.: Die Neuregelung der österreichischen Rentenversicherung im Allgemeinen Sozialversicherungsgesetz.(BArbBl.,1955,H.22, S.993-1002)

Sachs,W.: Was kosten Sozialversicherungsrenten von 50% oder 75 % des Einkommens?(ASP,1955, H.10, S.303-304)

Schayer,K.: Die 40-Stunden-Woche und unsere wirtschaftlichen Möglichkeiten.(ASP,1955,H.5, S.148-151)

Schelp,G.: Das Heuerverhältnis.(ArbuR,1955,H.10, S.287-301;H.11, S.321-325)

Schelp,G.: Aus der Rechtsprechung des Bundesarbeitsgerichts.(MDR, 1955,H.21, S.647-649)

Schieckel,H.: Die soziale Unsicherheit der deutschen Frau.(FamRZ, 1955,H.11, S.316-317) 11

Schlecht,O.: Soziale Sicherung und Wirtschaft. Bei der Sozialreform müssen die Erfordernisse der Wirtschaftspolitik und die Leistungsgrenzen der Wirtschaft berücksichtigt werden.(ASP,1955,H.9,S.268-271)

Schlichtungsvereinbarung in der Ernährungsindustrie.(RdA,1955,H.10, S.384-385)

Schmidt,F.: Zur Reform der Arbeitslosenfürsorge.(BArbBl.,1955,H.19, S.857-863)

Schraft,H.: Das Verfahrensrecht der Sozialgerichtsbarkeit im Spiegel der bundessozialgerichtlichen Rechtsprechung.(BArbBl.,1955, H.21, S.954-960) 3

Schregle: Sozialpolitik in der Montanunion.(RdA,1955,H.11, S.424-425)

Schregle,J.: Ausländische Arbeitsgesetzgebung.(Finnland,Frankreich, Gibraltar; Griechenland,Island; Irland,Italien) (RdA,1955,H.9, S.348-349; H.10, S.385-387; H.11, S.428-429)

Schreiber,W.: Sozialreform und Kriegsopferversorgung.(ASP,1955, H.1o, S.312-316)

Schulte Langforth,M.: Die Beschäftigung Jugendlicher in der Nachtschicht.(BArbBl.,1955,H.18, S.831-832)

Schulte Langforth,M.: Kostenersatz nach § 14 des Mutterschutzgesetzes.(BArbBl.,1955,H.22, S.1o17-1o19)

Seipp,P.: Der Jugendarbeitsschutz in Entwicklung und Meinung.(RdJ, 1955,H.21, S.329-333; H.22, S.345-347)

Freiwilliger Sozialaufwand ist echtes Leistungsentgelt.(AG,1955, H.19, S.654-656)

Sicherung des sozialen Friedens. (Rede des BAM Storch vor der 38. ILO-Tagung).(RdA,1955,H.9, S.339-34o)

Der "soziale Imperativ" der Deutschen Partei.(AG,1955,H.23/24, S.833-834) 1

Zu einem Vorschlag zur Umgestaltung der sozialenRentenversicherung. (AG,1955,H.2o, S.699-7o3)

Unternehmerische Sozialpolitik. Die Bundesvereinigung der Deutschen Arbeitgeberverbände berichtet.(AG,1955,H.23/24, S.844-878)

Das Gegengutachten der drei Professoren. (Sozialreform) (AG,1955, H.22, S.8o1-8o3)

Die Altersversicherung im Vordergrund. Querschnitt durch Reformwünsche. (Sozialreform) (AG,1955,H.22, S.8o3-8o5)

Der Bund katholischer Unternehmer. (Sozialreform) (AG,1955,H.21, S.736-737)

In Richtung Versorgungsstaat? (Sozialversicherung.) (ASP,1955,H.11, S.333-335) 1

Stecher,G.: Soziale Sicherung aus eigener Verantwortung bei Krankheit. (ASP,1955,H.12, S.379)

Stegmann,A.: Invalidität und Soziale Sicherheit in Großbritannien. (BArbBl.,1955,H.2o, S.9o8-91o)

Stets,W.: Probleme der Berufsausbildungsbeihilfen.(BArbBl.,1955, H.21, S.961-966)

Stirn,A.u.H.: Die Arbeitsbereitschaft der Leistungsgeminderten. (Gew.Mon.H.,1955,H.11, S.695-699)

Stork,H.: Aus der Rechtsprechung des Bundesarbeitsgerichts zur Eingruppierung von Angestellten im öffentlichen Dienst.(ASP,1955, H.12, S.39o) 3

Um die Grenzen des Streiks. (AG,1955,H.22, S.798-799)

Tannen,K.H.: Zwei Probleme um § 1o2 SGG. (SGb,1955,H.11, S.328-33o)

Theilen: Mißstände im Gutachtenwesen der Sozialgerichtsbarkeit. (SGb,1955,H.6, S.163-166; H.7, S.199-2o2)

Tietgen,W.: Probleme der Sozialordnung.(DVBl.,1955,H.22, S.733-736) 3

Tietz,G.: Die Entwicklung der Durchschnittsrenten in der Invalidenversicherung und der Angestelltenversicherung seit 1938. (BArbBl.,1955,H.24, S.1o86-1o87)

Tolksdorf,A.: Der Praktikantenvertrag. Rechte und Pflichten der Anwärter auf das Technische Hoch- und Fachschulstudium.(RdJ,1955, H.1o, S.3o1-3o3)

Tradt,E.: Die soziale Krankenversicherung im Jahre 1953.(BArBl., 1955,H.19o S.872-879)

Trieschmann,G.: Der Erfüllungsort beim Arbeitsverhältnis.(B,1955, H.41, S.968-97o)

Tritz,M.: Die Reserve der weiblichen Arbeitskräfte.(BArbBl.,1955, H.2o, S.896-899)

Über den Umgang mit Vorgesetzten. (B,1955,H.44, S.1o21-1o22)

Wagnitz,L.: Die Ausgaben für die Soziale Sicherheit.(Sozialreform). (ASP,1955,H.11, S.335-338)

Wagnitz,L.: Existenzsicherheit in der industriellen Gesellschaft. Vorschläge zur Sozialreform. (ASP,1955,H.1o, S.316-319)

Wagnitz,L.: Ein Schlußstrich unter das Renten-Mehrbetragsgesetz. (ASP,1955,H.12, S.372-374)

Warda,G.: Nochmals: Die knappschaftliche Rentenversicherung in der Bundesrepublik. Eine Ergänzung.(ASP,1955,H.5, S.155-157)

Wilde,W.: Fragen der Revision nach dem Sozialgerichtsgesetz.(NJW, 1955,H.45, S.1659-1662)

Winschuh,J.: Selbständig sein als Sozialproblem.(ASP,1955,H.9, S.265-267)

Würbach,D.: Ist § 1511 der Reichsversicherungsordnung noch geltendes Recht? (SGb,1955,H.11, S.33o-332)

14. Juristische Ausbildungs-und Prüfungsfragen

Internationales Kolloquium über die Ausbildung und Fortbildung des europäischen Beamten.(JZ,1955,H.23/24, S.763-764)

Geib,E.: Die Ausbildung des Nachwuchses für den höheren Verwaltungsdienst.(AöR,1955, Bd.8o H.3, S.3o7-345)

Less,G.: Kriminologie und Studienrefprm. (JZ,1955,H.22, S.7oo-7o2) 5

Less: Rationalisierung - auch in der Ausbildung? (SKV,1955,H.9, S.186-188)

Mühl,O.: Aufgabe und Ausbildungsmethode der Referendar-Arbeitsgemeinschaften.(JZ,1955,H.21, S.668-669)

Müssigbrodt,F.: Fortbildung und geistige Freiheit.(SKV,1955,H.2, S.29)

Potrykus,G.: Der Jugendrichter und die Anforderungen an seine Vorbildung.(RdJ,1955,H.23, S.361-362) 5

Remme,J.: Fortbildung der Verwaltungsangehörigen.(SKV,1955,H.9, S.188-190)

Stackelberg,Freiherr von: Zur neuen Ausbildungs- und Prüfungsordnung für den gehobenen Auswärtigen Dienst.(SKV,1955,H.6, S.120-122)

Vulpius,A.: Zur Reform der Verwaltungsausbildung für Referendare. (JZ,1955,H.23/24,S.733-734)

15.Sonstiges

Wilhelm Herschel 60 Jahre alt.(RdA,1955,H.11, S.421-422)

Statistik der Teilnehmer am 41.Deutschen Juristentag. (DRiZ,1955, H.12, S.297)

Der 41.Deutsche Juristentag in Berlin.(DRiZ,1955,H.10, S.244-245)

Der 41.Deutsche Juristentag. (7.-9.9.55 in Berlin; Bericht) 5,9

Reuß,H.: 41.Deutscher Juristentag in Berlin.(DÖV,1955,H.20, S.632-635)

Internationale Richtertagung.(22.-24.3.1956 in München; Notiz) (DRiZ,1955,H.12, S.298)

Schneider,H.: Walter Jellinek zum Gedächtnis.(JR,1955,H.10,S.373-374)

Walz,E.: Walter Jellinek zum Gedächtnis.(AöR,1955,Bd.80 H.3, S.256-260)

C. 4.(14.) VERZEICHNIS DER NEUERWERBUNGEN DER BIBLIOTHEK DES DEUTSCHEN INSTITUTS FÜR RECHTSWISSENSCHAFT[1]

I. ALLGEMEINES

1. Allgemeine und bibliographische Nachschlagewerke, Wörterbücher, Buch- und Bibliothekswesen

Amtliches Handbuch des Bayrischen Landtags. Hrsg.vom Landtagsamt München 1955. 259 S. II Ea 11592

Hecker,H.: Bibliographie des deutschen Schrifttums über Völkerrecht und ausländisches öffentliches Recht 1945-1954. T.2: Einzelschriften und Dissertationen. Hamburg 1954. 153 Bl. II Eb 296

NJW Fundhefte Abt.3.Öffentliches Recht. H.5. 1.Jan.-31.Dez.1954. Bearb.von O.Strößenreuther. München,Berlin 1955. 173 S. II Eb 82

Roussier,M.: Les Publications officielles des Institutions Européennes. New York 1954. 73 S. V Ea 11745

Bibliographie zur Saarfrage 1945-1954. Hamburg 1954. 21 Bl. II Eb 3o1

Wörterbuch der Soziologie. Hrsg.von W.Bernsdorf und F.Bülow. Stuttgart 1955. 64o S. II Ea 11763

Strafgefangenenfürsorge. Ein bibliographischer Beitrag.o.O. (Um 1955). 12 S. II Ea 11587

Ter Meulen,J.; P.I.I. Diermanse: Bibliographie des écrits imprimés de Hugo Grotius. Den Haag 195o. 7o8 S. V Ea 11751

Freie gesamtdeutsche Wahlen- Deutsche Saar- Europa 1954/55. Berlin 1955. 152 S. I Ea 3868

Bibliographie der Zeitgeschichte und zum zweiten Weltkrieg für die Jahre 1945 -195o.Im Auftr.d.Instituts für Zeitgeschichte zsgest.v.F.Herre u.H.Auerbach. München 1955. 254 S. II Ea 11599

1) Die hier angezeigte Literatur ist gemäß der Benutzungsordnung der Bibliothek des Deutschen Instituts für Rechtswissenschaft für die Mitglieder des Deutschen Instituts für Rechtswissenschaft,Ministerien und zentrale Institutionen der Deutschen Demokratischen Republik und nach der Leihverkehrsordnung der Bibliotheken ausleihfähig. - Verzeichnis 1 - lo ist enthalten im Mitteilungsblatt des Deutschen Instituts für Rechtswissenschaft 1953,Nr.1 - 1955, Nr.3.

Verzeichnis ausländischer Zeitschriften in schweizerischen Bibliotheken.Répertoire des périodiques étrangers. Reçus par les bibliothèques suisses. Hrsg.von der Vereinigung Schweizerischer Bibliothekare. 4.Aufl. Bern 1955. 62o S. V Eb 294

2.Biographien

Bredel,W.;M.Tschesno-Hell:Ernst Thälmann,Sohn seiner Klasse.Literarisches Szenarium. Berlin 1954. 159 S. I Ea 11538

Gejviš,G.: (Paul Lengevin - ein Gelehrter und Kämpfer für die Demokratie,russ.:),Pol'Lanževen - učenyj,borec za mir i demokratiju. Moskau 1955. 124 S. III Ea 1145o

Mayer,G.: Friedrich Engels.Eine Biographie. 2.verb.Aufl. Bd.1.2. Den Haag 1934. Bd.1: 393 S. Bd.2: 585 S. Ea 11827

Schmidt-Rimpler,W.: Karl Rauch.Rede,gehalten bei e.v.d.Rechts- u. Staatswiss.Fakultät d.Univ.Bonn am 17.Juli 1953 veranstalteten Gedenkfeier. Bonn 1953. 31 S. II Ea 11692

3.Marxismus-Leninismus(allgemein)

Bebel,A.: Kampf dem Militarismus. Berlin 1955. 44 S. I Ea 11512

Černov,F.: (Die marxistisch-leninistische Theorie von den Klassen und dem Klassenkampf,russ.:) Marksistsko-leninskaja teorija klassov i klassovoj bor'by. Moskau 1952. 86 S. III Ea 11484

Galkin,I.S.: (Aus der Geschichte des Kampfes von Marx und Engels um die proletarische Partei,russ.:) Iz istorii bor'by Marksa i Engel'sa za proletarskuju partiju. Moskau 1955. 75o S. III Ea 11496

Kabakuiev,C.S.: (Ausgewählte Werke,bulg.:) Izbrani proizvedenija. Sofia 1953. 855 S. IV Ea 1o586

Karelina,M.:(Die bolschewistische Zeitung "Neues Leben",russ.:) Bol'ševistskaja gazeta "Novaja žizn ",19o5 g. Moskva 1955. 1o3 S. III Ea 11492

Lenin,V.I.: (Die Aufgaben der russischen Sozialdemokraten,russ.:) Zadači russkich social-demokratov. Moskau 195o. 38 S. III Ea 1148o

Okulov,A.: (Der Kampf Lenins und Stalins für die theoretischen Grundlagen der marxistischen Partei in den Jahren 19o8-1912 russ.:) Bor'ba Lenina i Stalina za teoretičeskie osnovy marksistskoj partii.(19o8-1912 gg) Moskau 1951. 23o S. III Ea 11551

Šiškin,A.: (Die Grundlagen der kommunistischen Moral,russ.:) Osnovy kommunističeskoj morali. Moskau 1955. 317 S. III Ea 11477

Stalin,I.: (Marxismus und nationale Frage,russ.:) Marksizm i nacional'nyj vopros. Moskau 195o. 62 S. III Ea 11481

Stepanjan,C.: (Über den allmählichen Übergang vom Sozialismus zum Kommunismus,russ.:) O postepennom perechode ot socializma k kommunizmu. Moskau 1951. 95 S. III Ea 11482

4. Philosophie, Wissenschaft von der Gesellschaft, Wissenschaft im allgemeinen

Aleksandrov, G.F.: (Dialektischer Materialismus, russ.:) Dialektičeskij materializm. Moskau 1954. 438 S. III Ea 11560

Bocheński, I.M.: Die zeitgenössischen Denkmethoden. Bern 1954. 150 S. V Ea 11741

(Ausgewählte sozial-politische und philosophische Werke der Dekabristen, russ.:) Izbrannye social'no - političeskie i filosofskie proizvedenija dekabristov. T.1-3. Moskau 1951. T.1: 781 S. T.2: 567 S. T.3: 466 S. III Ea 11569

Engst, J.: (Was gibt die Philosophie für das Leben?, tschech.:) Co dává filosofie pro život? Prag 1954. 31 S. IV Ea 11490

Gabov, G.: (Die sozial-politischen und philosophischen Ansichten der Dekabristen, russ.:) Obščestvenno-političeskie i filosofskie vzgljady dekabristov. Moskau 1954. 293 S. III Ea 11486

Greniewski, H.: (Grundsätze der induktiven Logik, poln.:) Elementy logiki formalnej. Warschau 1955. 492 S. IV Ea 11499

Hegel, G.W.F.: Aesthetik. Mit e. einführendem Essay von G. Lukács. Berlin 1955. 117 S. I Ea 11472

Hessen, J.: Universitätsreform. Mit e. Anh.: Neonazismus an deutscher Universität? Köln 1953. 32 S. II Ea 11469

Hessen, J.: Universitätsreform. 2. Aufl. Düsseldorf 1955. 19 S. II Ea 12548

Ibárruri, D.: Rechenschaftsbericht des Zentralkomitees an den 5. Parteitag der Kommunistischen Partei Spaniens und Schlusswort. Anh.: Programm d. Kommunistischen Partei Spaniens. Statut d. Kommunistischen Partei Spaniens. Kommuniqué. Liste der neugewählten Mitglieder des Zentralkomitees. (Aus dem Span. übers.) Berlin 1955. 207 S. I Ea 11216

Mann, G.: Vom Geist Amerikas. Eine Einführung in amerikan. Denken u. Handeln im zwanzigsten Jahrhundert. Stuttgart 1954. 182 S. II Ea 11818

Nalbandjan, M.: (Ausgewählte philosophische und sozial-politische Werke, russ.:) Izbrannye filosofskie i političeskie proizvedenija. Moskau 1954. 750 S. III Ea 11485

Röpke, W.: Die Gesellschaftskrisis der Gegenwart. 5. Aufl. Zürich 1948. 417 S. V Ea 11773

Rosental, M.M.: Die marxistische dialektische Methode. 3. Aufl. (Aus d. Russ. übers.) Berlin 1955. 352 S. I Ea 11519

Tugarinov, V.P.: (Die Gesetze der objektiven Welt, ihre Erkenntnis und Ausnutzung, russ.:) Zakony ob-ektivnogo mira, ich poznanie i ispol'zovanie. Moskau 1954. 193 S. III Ea 11487

Vislobokov, A.: (Über die Untrennbarkeit der Materie und Bewegung, russ.:) O nerazryvnosti materii i dviženija. Moskau 1955. 127 S. III Ea 11495

5.Politische Ökonomie

Altmann, E.: Über den Gegenstand der politischen Ökonomie und über die ökonomischen Gesetze. Berlin 1955. 115 S. I Ea 11539

Baglikov,B.T.: (Der 1o.Parteitag der KPR (B) und die historische Bedeutung seiner Beschlüsse über den Übergang zur neuen ökonomischen Politik,russ.:) Dejatyj s-ezd RKP (b) i istoričeskoe značenie ego rešenii o perechode k novoj ekonomičeskoj politike. Moskau 1955. 31 S. III Ea 78oo

Behrens,F.: Arbeitsproduktivität,Lohnentwicklung und Rentabilität. Berlin 1955. 135 S. I Ea 115o7

Behrens,F.: Arbeitsproduktivität,Wert und Selbstkosten. 2.Aufl. Berlin 1955. 165 S. I Ea 11544

Lemnitz,A.: Vorlesungen über die politische Ökonomie des Kapitalismus. T.1-5. Berlin 1955. 5 Bde I Ea 9731

II. RECHTSWISSENSCHAFT

1.Gesetzesmaterialien und Dokumente (auch Verfassungen und Kurzkommentare)

Bismarck und der Staat.Ausgewählte Dokumente. Eingel.von H.Rothfels. Stuttgart 1953. 4oo S. II Ea 11724

(Illegale Aufrufe der Bulgarischen Kommunistischen Partei,bulgar.:) Nelegalni pozivi na Bulgarskata Kommunističeska Partija. Sofia 1954. 389 S. IV Ea 11497

Bundesbeamtengesetz.Komm.von J.Distel u.B.Selge. Köln 1954. 752 S. II Ea 11861

Erstes Bundesmietengesetz (Ges.über Massnahmen auf d.Gebiet d.Mietpreisrechts).-BMG-.Komm.v.W.Groothold. Im Anh.: Amtl.Begründg zur Regierungsvorlage u.Begründg d.32.Ausschusses, Pr Stop VO ... Düsseldorf 1955. 294 S. II Ea 11689

Familienrecht. Komm.zum Familienrecht des Bürgerlichen Gesetzbuches und zum Ehegesetz von Siebert-Vogel. Stuttgart,Köln 1955. 523 S. II Ea 11776

Entwurf eines Gesetzes zur Anpassung des Familienrechts an Art.3 Abs.2 GG.Vom Rechtspolitischen Ausschuss u.vom Frauenausschuss d. SPD entwickelte u.vom Parteivorstand gebilligte Vorschläge f.d. Reform d.Familienrechts unter d.Gesichtspunkt d.Gleichberechtigung d.Geschlechter.2.neu durchges.Aufl.Hrsg.Vorstand d.SPD,Bonn. Bonn 1952. 72 S. II Ea 11642

Die Frau im Erwerbsleben. Ein Zahlenbericht. 2.Aufl.Zsgest.u. hrsg.v.Bundesministerium für Arbeit. Bonn 1954/55. 59 S. II Eb 265

(Geschichte der Gesetzgebung der UdSSR und RSFSR über Strafprozess,Gerichtssystem und Anwaltschaft,in den Jahren von 1917-1954. Dokumentensammlung,russ.:) Istorija zakonodatel'stva SSSR i RSFSR po ugolovnom processu i organizacii suda i prokuratury,1917-1954 gg. Sbornik dokumentov. Moskau 1955. 635 S. III Eb 281

Grundgesetz für die Bundesrepublik Deutschland vom 23.Mai 1949. Staatsrechtl.erl.von F.Giese.4.erg.Aufl. Frankfurt/M.1955.258 S. II Ea 11882

Das geltende Handwerkssteuerrecht.(Stand vom 1.Juli 1955.) Überarb.v.e.Autorenkollektiv im Ministerium der Finanzen-Abgabenverwaltung. Berlin 1955. 196 S. I Ea 11511

Heilmann,F.;H.Birnbaum: Gesetze und Verordnungen für die Schule der Deutschen Demokratischen Republik. Berlin 1955. 184 S. I Ea 11508

Jugendgerichtsgesetz vom 4.Aug.1953 -BGBl.I,S.751 und Richtlinien zum Jugendgerichtsgesetz (Ri IGG)vom 15. Febr.1955.Amtliche Handausgabe. München,Berlin 1955. 102 S. II Ea 11690

Lindemann,H.: Die Jugend in der Gesetzgebung der Deutschen Demokratischen Republik.Berlin 1955. 676 S. I Ea 11896

Lurz,O.: Flurbereinigungsrecht unter bes.Berücksichtigung der in Bayern geltenden Bestimmungen.Handkomm. Bd 2. München 1955.120 S. II Ea 11603

Plischke,E.: International Relations. Basic documents. New York 1953. 194 S. V Eb 309

Polizeirecht.Preussisches Polizeiverwaltungsgesetz und andere Bestimmungen über das Polizeiwesen in Bund und Ländern.Vorschriftensammlung mit e.Einf.von H.Schneider.12.Aufl. München,Berlin 1954. 461 S. II Ea 11855

Die Steuerreform vom 1.Jan.1955.Vergleichende Textausg. mit komm. Erläutergn von E.Lenski. Bonn 1955. 157 S. II Ea 11521

Die geltenden Steuertabellen für die private Wirtschaft der Deutschen Demokratischen Republik. Stand 1.Sept.1955. Zsgest.v.d. Red.Abgabenrecht d.VEB Dt.Zentralverl. Berlin 1955. 201 S. I Ea 11510

Deutsches Institut für Rechtswissenschaft.Die Verfassungen der asiatischen Länder der Volksdemokratie. Berlin 1955. 101 S. I Ea 11852

(Die Verfassungen der europäischen Länder der Volksdemokratie, russ.:) Konstitucii evropejskich stran narodnoj demokratii. Moskau 1954. 183 S. III Ea 11559

(Zivilgesetzbuch der RSFSR, russ.:) Graždanskij kodeks RSFSR. Moskau 1952. 158 S. III Ea 11555

2. Theorie des Staates und des Rechts

Acton of Aldenham, J.E.: Revolution oder Freiheit.- Salzburg, Wien 1952. 86 S.
II Ea 11722

Adrianovskij, A.; A. Fomin (Das chinesische Volk im Kampf für den Sozialismus, russ.:) Kitajskii narod v bor'be za socializm. Moskau 1955. 133 S.
III Ea 11500

(Die Lage und der Kampf der Arbeiterklasse der kapitalistischen Länder Europas nach dem 2. Weltkriege, russ.:) Položenie i bor'ba rabočego klassa kapitalističeskich stran Evropy posle vtoroj mirovoj. Moskau 1952. 465 S.
III Ea 11566

Bevan, A.: Besser als Furcht. (Aus dem Engl. übers.) Frankfurt/M. 1953. 247 S.
II Ea 11684

Diederich, P.H.: Das Sittengesetz. Eine rechtsdogmatische Untersuchung. Hamburg 1954. 35 Bl.
II Eb 289

Blagoev, D.: (Beitrag zur Geschichte des Sozialismus in Bulgarien, bulg.:) Prinos kum istorijata na socializma v bulgarija. Sofia 1954. 575 S.
IV Ea 11498

Bodmer, W.: Das Postulat des Weltstaates. Eine rechtstheoretische Untersuchung. Zürich 1952. 124 S. - Zürich, Rechts- und staatswiss. Fak., Diss. von 1952
V Ea 11754

Brisch, U.: Die Rechtsstellung der deutschen Gewerkschaften. Göttingen 1951. 138 S.
II Ea 11533

Candeloro, G.: Die Gewerkschaftsbewegung in Italien. (Aus dem Ital. übers.) Berlin 1954. 74 S.
I Ea 11503

Engе, C.A.: Recht und Psychologie. Gedanken über ihre Beziehung. Mainz 1954. 16 S.
II Eb 282

Grimm, F.: Nun aber Schluß mit Rache und Vergeltung. Eine ernste Betrachtung zehn Jahre nach dem Zusammenbruch. Göttingen 1955. 38 S.
II Ea 11688

Hampel, G.: Die Bedeutung der Sozialpolitik für die europäische Integration. Kiel 1955. 169 S.
II Ea 11525

Harrison, G.: Road to the Right. The tradition and hope of American conservatism. New York 1954. 342 S.
V Ea 11884

Hermens, F.A.: Demokratie oder Anarchie. Untersuchung über die Verhältniswahl. (Aus dem Engl. übers.) Frankfurt/M. 1951. 412 S.
II Ea 11726

Heuss, Th.: Verfassungsrecht und Verfassungspolitik. Vom monarchischen Konstitutionalismus zum demokratischen Parlamentarismus. Krefeld 1950. 40 S.
II Ea 11859

Holmes-Laski Letters. The correspondence of Mr. Justice Holmes and Harold J. Laski 1916-1935. Ed. by M. de Wolfe Howe. Bd 1.2. Cambridge 1953. Bd 1: 813 S. Bd 2: S.818-1650.
V Ea 11323

Ignat'ev,V.L.: (Der 8.Parteitag der Kommunistischen Partei und seine historische Bedeutung für die weitere Festigung des Bündnisses der Arbeiterklasse und der werktätigen Bauernschaft,russ.:) Vos'moj s-ezd kommunističeskoj partii i ego istoričeskoe značenie v dal'nejšem ukreplenie sojuza rabočego klassa i trudovogo krestjanstva. Moskau 1955. 31 S. III Ea 7810

Kartun,D.: Afrika,Afrika! Ein Kontinent richtet sich auf.(Aus dem Engl.übers.) Berlin 1955. 103 S. I Ea 11300

Lemke,L.: Humanitäres Handeln aus politischer Verantwortung.Die Grundlagen der Arbeiterwohlfahrt. Bonn 1954. 18 S.II Ea 11673

Man,H.de:Vermessung und Ausweg. Köln 1953. 4 Bl. II Eb 97

Marcus,H.: Rechtswelt und Ästhetik. Bonn 1952. 194 S. II Ea 11865

Niederhäusern,W.von: Zur Konstruktion des subjektiven öffentlichen Rechts. Winterthur 1955. 121 S. V Ea 11832

Oborina, G.A.:(Die Lage und der Kampf der Arbeiterklasse Italiens nach dem 2.Weltkrieg,russ.:) Položenie i bor'ba rabočego klassa Italii posle vtoroj mirovoj vojny. Moskau 1953. 190 S. III Ea 11562

Ortega y Gasset,J.: Der Aufstand der Massen.(Aus dem Span.übers.) Stuttgart 1955. 227 S. II Ea 11641

Perlman,S.: Eine Theorie der Gewerkschaftsbewegung.(Aus dem Engl. übers.) Berlin 1952. 235 S. II Ea 11579

Rendulic,L.: Gefährliche Grenzen der Politik. Salzburg 1954. 333 S. V Ea 11716

Schneider,R.: Wesen und Verwaltung der Macht. Wiesbaden 1954. 42 S. II Ea 12553

Schobesberger,O.: Sozialversicherung und soziale Sicherung.Eine grundsätzliche Stellungnahme vom Naturrecht her. Braunau 1953. 161 S. V Eb 270

Staat-Wirtschaft-Gewerkschaft. Forderungen der Deutschen Angestellten-Gewerkschaft zur Wirtschafts- und Sozialpolitik.Hrsg.Hauptvorstand d.Deutschen Angestellten-Gewerkschaft Hamburg. Hamburg 1955. 82 S. II Eb 704

Tocqueville,A.C.de:Die Demokratie in Amerika. Eine Auswahl. Übers.,eingel.u.erl.von F.A.Frh.v.d.Heydte. Regensburg 1955. 281 S. II Ea 11701

Uhlig,W.A.: Bedeuten deutsche Soldaten Krieg? In: Politische Studien. H.57. München 1955. S.15-34. II Ea 11537

Viehweg,Th.: Topik und Jurisprudenz. München 1953. 75 S. II Ea 11854

Jugend unter Wehrzwang. Hrsg.von Vearting,Liddel-Hart,Holm-Elmerich. Darmstadt 1954. 32 S. II Ea 11523

(Tatsachen über die Lage der Werktätigen in den USA 1949-1950, russ.:) Fakty o položenii trudjaščichsja v SSA 1949-1950 gg. Moskau 1952. 198 S. III Ea 11567

Zimmermann,H.: Sozialpolitische Ideen im schweizerischen Freisinn, 1914-1945. Zürich 1948. 196 S. V Ea 11759

3.Geschichte des Staates und des Rechtes

Achter,V.: Über den Ursprung der Gottesfrieden. Krefeld 1955. 29 S. II Ea 11697

Andreas,W.: Zeitalter Napoleons und die Erhebung der Völker. Heidelberg 1955. 683 S. II Ea 11768

Bastid,P.: L'Avènement du suffrage universel. Paris 1948. 76 S. V Ea 7039

Benedict,M.R.: Farm Policies of the United States 1790-1950. A study of their origins and development. New York 1953. 548 S. V Eb 299

Brjunin,W.G.: Die grosse sozialistische Oktoberrevolution und die deutsche Arbeiterbewegung in den Jahren 1917/1918. Berlin 1955. 33 S. I Ea 11506

Bruck,E.: Über römisches Recht im Rahmen der Kulturgeschichte. Berlin,Göttingen,Heidelberg 1954. 167 S. II Ea 11713

Chu Cjao-Mu:(Dreissig Jahre kommunistische Partei Chinas,russ.:) Tridcat'let kommunističeskoj partii Kitaja. Moskau 1952. 102 S. III Ea 11556

Eidus,Ch.T.: (Abriss der neueren und neuesten Geschichte Japans, russ.:) Očerki novoj i novejšej istorii Japonii. Moskau 1955. 335 S. III Ea 11493

Flueckiger,F.: Geschichte des Naturrechts. Bd.1: Altertum und Frühmittelalter. Zürich 1954. 475 S. V Ea 11823

Foster,W.Z.: (Beiträge zur politischen Geschichte Amerikas,russ.:) Očerk političeskoj istorii Ameriki.(Aus dem Engl.übers.) Moskau 1953. 917 S. III Ea 11563

Gajan,K.: (Beitrag zur Gründung der Kommunistischen Partei der Tschechoslowakei,tschech.:) Příspěvek ke vzniku KSČ. Prag 1954. 273 S. IV Ea 11516

(Übersicht über die tschechoslowakische Geschichte bis zum Jahr 1848,tschech.:) Přehled československých dějin I.(do roku 1848). Prag 1954. 119 S. IV Ea 10939

(Abriss der Geschichte der UdSSR, 1907-März 1917,russ.:)Očerki istorii SSSR 1907-mart 1917. Pod.red.A.L.Sidorov. Moskau 1954. 349 S. III Ea 11564

Akademija nauk SSSR.Institut istorii.(Materialien zur Geschichte der UdSSR,russ.:) Materialy po istorii SSSR. Bd 1. Moskau 1955. 519 S. III Ea 11017

Hirsch,H.: Denker und Kämpfer. Gesammelte Beiträge zur Geschichte der Arbeiterbewegung. Frankfurt/M. 1955. 188 S. II Ea 11879

Kisch,G.: Forschungen zur Rechts- und Sozialgeschichte der Juden in Deutschland während des Mittelalters. Stuttgart 1955. 312 S. II Ea 1159o

Nečkina,M.V.: (Der Aufstand des 14.Dezember 1825,russ.:) Vosstanie 14 dekabrja 1825 g. Moskau 1951. 2o1 S. III Ea 11552

Rožicyn,V.S.: (Giordano Bruno und die Inquisition,russ.:) Dzordano Bruno i inkvizicija. Moskau 1955. 283 S. III Ea 11451

Sternberger,D.: Panorama oder Ansichten vom 19.Jahrhundert.3.Aufl. Hamburg 1955. 239 S. II Ea 11459

Stulz,P.: Der Kampf des deutschen Volkes gegen die napoleonische Fremdherrschaft. Leipzig,Jena 1955. 47 S. I Ea 11513

Suhle, A.: Deutsche Münz- und Geldgeschichte von den Anfängen bis zum 15.Jahrhundert. Berlin 1955. 231 S. I Ea 11844

Tönnies,N.: Der Staat aus dem Nichts. lo Jahre deutsche Geschichte. Stuttgart 1954. 253 S. II Ea 11165

Waitz,H.: Deutsche Verfassungsgeschichte.4.Aufl.Bd 1 - 8. Graz 1953 - 1955. 8 Bde V Ea 11764

Wish,H.: Society and thought in modern America. A social and intellectual history of the American people from 1865. New York,London,Toronto 1952. 618 S. V Ea 11829

4.Völkerrecht,Aussenpolitik

Abraham,H.-J.: Der Luftbeförderungsvertrag unter Zugrundelegung des Warschauer Abkommens, des deutschen Luftverkehrsgesetzes und der Beförderungsbedingungen der International Air Transport Association (JATA). Stuttgart 1955. 8o S. II Ea 11719

Appleman,J.A.: Military Tribunals and international crimes. Indianapolis 1954. 421 S. V Eb 292

Bidžerano,M.;K.Manolov: (Die Ausweitung der kulturellen Beziehungen zwischen den Völkern - ein Beitrag zum Frieden,bulg.:) Razširjavaneto na kulturnite vruzki meždu narodite - prinos za mira. Sofia 1953. 52 S. IV Ea 1o592

Brinton,C.: Westeuropa wohin? (Aus dem Engl.übers.) Frankfurt/M.1955. 117 S. II Ea 1164o

Castrén,E.: The present Law of war and neutrality.Helsinki 1954. 63o S. V Ea 11693

Feis,H.: The Diplomacy of the dollar. First era 1919-1932. Baltimore 195o. 81 S. V Ea 11733

Freymond,J.: De Roosevelt à Eisenhower. La politique étrangère américaine 1945 - 1952. Genf 1953. 153 S. V Ea 11824

Hambro,E.: The Case Law of the International Court. Leiden 1952. 699 S. V Ea 11747

Hildebrandt,W.: Der Triest-Konflikt und die italienisch-jugoslawische Frage. Eine soziologisch-zeitgeschichtliche Untersuchung. Anh.: Dokumente zu den internationalen Verhandlungen 1948-1953. Göttingen 1953. 127 S. II Ea 11681

Hirsch,H.: Die Saar in Versailles. Die Saarfrage auf der Friedenskonferenz von 1919. Bonn 1952. 71 S. II Ea 1186o

Ingrim,R.: Bündnis oder Krieg. München 1955. 163 S. II Ea 11532

Kennan,G.F.: Realities of American Foreign Policy. Princeton, New Jersey 1954. 119 S. V Ea 11638

Korovin,E.A.: (Die unverbrüchliche Freundschaft und Zusammenarbeit der Völker der UdSSR und der volksdemokratischen Länder - ein mächtiges Bollwerk des Friedens und der allgemeinen Sicherheit, russ.:) Nerušimaja družba i sotrudničestvo narodov SSSR i narodnodemokratičeskich stran - mogučij oplot mira i vseobščej bezopasnosti. Moskau 1955. 39 S. III Ea 7816

Kravzov,I.: (Die Aggression des amerikanischen Imperialismus in Korea 1945-1951, russ.:) Agressija amerikanskogo imperializma v Koree,1945-1951 gg. Moskau 1951. 438 S. III Ea 11568

Kruse,A.: Die Atomenergie im Völkerrecht und in den wichtigsten Landesrechten. (Dokumentation) Göttingen 1955. 233 Bl. II Eb 291

Meister,R.: Das Völkerrecht garantiert die Friedensgrenze an Oder und Neisse. Mit e.umfangreichem Dokumentenanh. Leipzig, Jena 1955. 97 S. I Ea 1152o

Menzel,E.: Die Forderungsverzichtsklauseln gegenüber Deutschland in den Friedensverträgen von 1947, Rechtsgutachten. Hamburg 1955. 46 Bl. II Eb 3o2

Nekrič,A.M.: (Die Politik des englischen Imperialismus in Europa, Oktober 1938- September 1939, russ.:) Politika anglijskogo imperializma v Evrope (Oktjabr'1938-centjabr'1939). Moskau 1955. 274 S. III Ea 11557

Oder-Neiße. Eine Dokumentation. Berlin 1955. 199 S. I Ea 11845

Ostwald,P.: Japans Weg von Genf nach San Franzisko. Stuttgart 1955. 122 S. II Ea 11767

Perov,L.: (Die amerikanische Aggression in Korea, russ.:) Amerikanskaja agressija v Koree. Moskau 1951. 114 S. III Ea 11478

Pfeffer,F.: Die Aktion der USA in Korea und das Problem der Entscheidung über Krieg und Frieden in der amerikanischen Verfassungspraxis. Hamburg 1955. 214 Bl. II Eb 3o3

Reinkemeyer, H.-A.: Die sowjetische Zwölfmeilenzone in der Ostsee und die Freiheit des Meeres. Köln, Berlin 1955. 175 S. II Ea 11685

Roberts,H.L.; P.A.Wilson: Britain and the United States. Problems in the co operation. London 1953. 224 S. V Ea 11734

Rossaint,J.C.: Zur Aussenpolitik Deutschlands. Dortmund 1954. 96 S. II Ea 11570

Sauer,H.: Europäische Weltpolitik in evangelischer Sicht. Aufsätze zur Neuorientierung des deutschen Menschen.Stuttgart 1955. 60 S. II Ea 11577

Spaight,I.M.: The atomic Problem. London 1948. 53 S. V Ea 11739

Španov,N.: (Diplomaten der Maske und des Dolches, russ.:)Diplomaty plašča i kinžala. Moskau 1952. 83 S. III Ea 11479

Ungerer,W.: Das diplomatische Asyl in deutschen Vertretungen Lateinamerikas. Hamburg 1955. 108 Bl. II Eb 305

Basis facts about the United Nations. Publ.by the United Nations Department of Public Information. 10 th ed. New York 1954.39 S. V Ea 11740

Viskov,S.: (Die UdSSR - die Vorhut im Kampf um den Frieden,russ.:) SSSR - v avangarde bor'by za mir. Moskau 1952. 127 S. III Ea 11475

Geschichtsfälscher. Aus Geheimdokumenten über die Vorgeschichte des 2.Weltkrieges. Berlin 1952. 71 S. I Ea 12542

Wright,Q.;W.F.Cottrell;C.Boasson: Research for Peace. Essays. Amsterdam 1954. 296 S. V Ea 11746

5.Staatsrecht

Bachšiev,D.: (Die Partei der Bolschewiki - die Führerin der sowjetischen Gesellschaft,russ.:) Partija bol'ševikov - rukovoditel' sovetskogo obščestva. Moskau 1951. 166 S. III Ea 11474

Badaev,A.: (Die Bolschewikii in der Staatsduma, russ.:) Bol'ševiki v gosudarstvennoj dume. Moskau 1954. 423 S. III Ea 11558

Bontecou,E.: The Federal Loyalty-Security Program.Ithaca, New York 1953. 377 S. V Ea 11588

Bürgerrechte und Besatzungsmacht.Eine Übersicht (abgeschlossen am 1.Nov.1950).Bearb.vom Institut für Besatzungsfragen Tübingen. Frankfurt/M. 1951. 98 S. II Ea 11592

Die Bundesländer. Beiträge zur Neugliederung der Bundesrepublik. Referate von H.L.Brill u.a. Vorberichte,Diskussion und Ergebnisse der Weinheimer Tagung. Frankfurt/M.1950. 244 S. II Eb 284

Bundesrecht und Bundesgesetzgebung.Bericht über d.Weinheimer Tagg d.Instituts zur Förderung öffentlicher Angelegenheiten in Frankfurt am Main am 22.u.23.Okt.1949. Referate,Diskussion u.Ergebnisse. Frankfurt/M.1950. 204 S. II Ea 11883

Černov, F.F.:(Der sozialistische Sowjetstaat,russ.:) Sovetskoe socialističeskoe gosudarstvo. Moskau 1952. 208 S. III Ea 11565

Constitutional Law.Cases and other problems. Ed.by P.A.Freund, A.E.Sutherland. Vol.1.2. Boston,Toronto 1954. Vol.1: 726 S. Vol.2: S.730-1773. V Ea 11889

Eschenburg,Th.: Das Problem der Neugliederung der deutschen Bundesrepublik,dargestellt am Beispiel des Südweststaates. Frankfurt/M. 1950. 80 S. II Ea 11585

Fauvet,J.: Von Thorez bis de Gaulle. Politik und Parteien in Frankreich.(Aus dem Französ.übers.) Frankfurt/M 1953. 238 S. II Ea 11710

Geilinger,R.: Die Institutionen der direkten Demokratie im Kanton Zürich. Zürich 1947. 315 S. V Ea 11758

Auslandsvermögen und Reparationen im Generalvertrag. Gutachten d. Arbeitsgruppe "Allgemeine Rechtsfragen" der Studienges.f.privatrechtliche Auslandsinteressen. Bremen 1952. 15 S. II Ea 11524

Gerhardt,P.: Amt und Person. Staatliche Institutionen und parlamentarische Repräsentanz in der Bundesrepublik Deutschland. Schloss Laupheim,Württ.1955. 23 S. II Ea 11744

Harris,J.P.: The Advice and consent of the senate. A study of the confirmation of appointments by the United States Senate. Berkeley,Los Angeles 1953. 457 S. V Ea 11867

Jasper,G.: Vom Sinn der Wiedergutmachung an Israel. Gütersloh 1954. 16 S. II Ea 11864

Bekenntnis und Verpflichtung. Reden und Aufsätze zur zehnjährigen Wiederkehr des 20.Juli 1944. Stuttgart 1955. 176 S. II Ea 11721

Kehlenbeck,P.: Der Staatspräsident. Die Gestaltung des Präsidentenamtes in den Verfassungen seit 1945. Hamburg 1955. 143 Bl. II Eb 304

King-Hall,S.;R.K.Ullmann: German Parliaments. A study of the development of representative institutions in Germany. London 1954. 162 S. V Ea 11738

Bürger und Landesverteidigung.Bericht über eine Arbeitstagung. Referate von Weniger und Cartellieri. Frankfurt/M 1952. 144 S. II Ea 11583

Litchfield, E.H.: Governing Postwar Germany. Ithaca, New York 1953. 661 S. V Ea 11711

Mac Kenzie, R.T.: British political Parties. Melbourne,London, Toronto 1955. 623 S. V Ea 11752

Markmann,H.: Das Abstimmungsverhalten der Parteifraktion in deutschen Parlamenten. Meisenheim/G 1955. 205 S. II Ea 11591

Münchheimer,W.: Materialien zur Auslegung der Neugliederungsprinzipien in Art.29, Abs.1 des Grundgesetzes. Frankfurt/M.(um 1952) 70 Bl. II Eb 287

Nemzew,W.A.: Der Dorfsowjet der Deputierten der Werktätigen.(Aus dem Russ.übers.) Berlin 1955. 107 S. I Ea 11791

Nuschke,O.: Gegen Militarismus - für nationale Verteidigung. Berlin 1955. 60 S. I Ea 11517

Ratgeber von Parlament und Regierung. Eine Vortragsreihe d.Instituts zur Förderung öffentlicher Angelegenheiten. Frankfurt/M 1951. 172 S. II Ea 11571

Pohlmeyer,H.A.: Um die Befreiung der Frau. Berlin 1955. 196 S. I Ea 11670

Die Beziehungen zwischen Presse und Behörden. Bericht über eine Arbeitstagung mit Referaten von K.H.Knappstein,F.Sänger,T.Eschenburg. Frankfurt/M. 100 S. II Ea 11582

Schaeffer,E.: Des problèmes de droit judiciaire que pose l'Union Economique Franco-Sarroise. Paris 1953. 304 S. V Ea 11700

Schramm,F.K.: Der Bundestag. Aus der Arbeit des Bundestages und des Bundesrates. 3.Aufl. Bonn 1955. 32 S. II Ea 11687

Smith,L.: Militär- und Zivilgewalt in Amerika.(Aus dem Engl.übers.) Bearbeitg d.gekürzten dt.Ausg.mit e.Vorwort über d.militärpolit. Verhältnisse im früheren Deutschland von H.Bohn. Köln 1954. 235 S. II Ea 11856

(Sowjetisches Staatsrecht, tschech.:) Sovetské státni pravo. Prag 1954. 217 S. IV Eb 290

Staatsvereinfachung in Bayern. Gutachten der Arbeitsgemeinschaft für Staatsvereinfachung. München,Berlin 1955. 80 S.II Eb 297

Tanner,H.: Die Kartellbestimmung der schweizerischen Bundesverfassung. Ein Beitrag zur Auslegung der neuen Wirtschaftsartikel. Zürich 1950. 110 S. V Ea 11757

Grundlagen eines deutschen Wahlrechts. Bericht der vom Bundesminister des Innern eingesetzten Wahlrechtskommission. Bonn 1955. 174 S. II Ea 11601

Wladimirowa, I.;W.Shamin: Erfolge des wirtschaftlichen Aufbaus in der Volksrepublik China.(Aus dem Russ.übers.) Berlin 1955. 111 S. I Ea 11514

6.Verwaltungsrecht

Antropov,V.: (Die Arbeitsorganisation auf dem Gebiet der Staatseinkünfte in den örtlichen Finanzorganen,russ.:) Organizacija raboty po gosudarstvennym dochodam v mestnych finansovych organach. Moskau 1955. 151 S. III Ea 11491

Neues Beamtentum. Beiträge zur Neuordnung des öffentlichen Dienstes.Hrsg.vom Institut zur Förderung öffentlicher Angelegenheiten. Frankfurt/M. 1951. 291 S. II Ea 11575

Bleek,K.Th.:Aktuelle Fragen der Kommunalpolitik in der Bundesebene. Mannheim 1953. 24 S. II Ea 11596

Die Stadt und ihre Bürger.(Referate u.Arbeitsergebnisse der 7. Hauptversammlung d.Deutschen Städtetages in Stuttgart am 3.und 4. Juni 1954.) Köln 1954. 39 S. Aus: Der Städtetag.1954,H.7. II Ea 12549

Erler, G.: Freiheit und Grenze berufsständischer Selbstverwaltung. Dargestellt an den Verfassungsrechtlichen Grundfragen der Bundesrechtsanwaltsordnung. Göttingen 1952. 78 S. II Ea 11529

Bürgerverantwortung in der Gemeinde. Frankfurt/M. 1952. 297 S. II Ea 11598

La Démocratie directe dans les communes suisse. Die direkte Gemeindedemokratie in der Schweiz.Della democrazia diretta nei comuni svizzeri. Recueil de travaux publ.par l'Institut de science politique de l'Université de Lausanne. Zürich 1952. 254 S. V Ea 11723

Heusser,W.: Die Flucht des Gemeinwesens in die privatrechtliche Unternehmung als Rechtsproblem. Zürich 1949. 115 S. - Zürich, Rechts- und staatswiss. Fak.,Diss. vom 9.Juli 1949 V Ea 11839

Leippert,M.: Der Verzicht auf subjektive öffentliche Rechte mit besonderer Berücksichtigung des Verzichtes auf Leistungen der Sozialversicherung. Zürich 1953. 118 S. V Ea 11830

Löffler, M.: Presserecht. Kommentar zum Reichsgesetz über die Presse und zum Presserecht der Länder sowie zu den sonstigen die Presse betreffenden Vorschriften. München 1954. 853 S. II Ea 11466

Oppler,K.;L.Rosenthal-Pelldram: Die Neugestaltung des öffentlichen Dienstes.Grundlagen und Probleme. Frankfurt/M. 79 S.II Ea 11709

Petrin, L.: Österreichisches Verwaltungsrecht. Wien 1951.250 S. V Ea 11880

Im Blickpunkt der Öffentlichkeit: Polizei. Frankfurt/M.1951. 59 S. II Ea 11712

Der polizeiliche Eingriff in Freiheiten und Rechte. Bearb.von H.Blomeyer-Hartenstein u.a. Frankfurt/M. 1954.430 S. II Ea 11715

Wagener,F.: Die Städte im Landkreis.Göttingen 1955. 276 S. II Ea 11887

Ziebill,O.: Geschichte des Deutschen Städtetages.Fünfzig Jahre deutsche Kommunalpolitik. Stuttgart, Köln 1955. 683 S. II Ea 11769

7.Finanz-,Steuer-und Preisrecht

Bundeshaushaltsplan für das Rechnungsjahr 1955. Berlin,Bonn 1955. 2211 S. II Ea 11675

Birman,A.M.: (Die Umlaufmittel der Industriebetriebe und die Wege der Beschleunigung ihrer Umlaufgeschwindigkeit,russ.:) Oborotnye sredstva promyslennych predprijatij i puti uskorenija ich oboračivaemosti. Moskau 1955. 39 S. III Ea 7831

Choliński,T.;Z.Grochulski:(Die Bankkontrolle des Lohnfonds,poln.:) Kontrola bankowa funduszu płac. Warschau 1954. 147 S. IV Ea 10375

Methoden neuzeitlicher Etatgestaltung. Bericht über eine Arbeitstagung am 30.April/1.Mai 1954 in Weinheim a.d.B. Mit Referaten von F.Neumark, H.Weichmann, C.Wawrczeck. Mannheim 1954. 134 S. II Ea 11586

Die Finanzreform.Hamburg (um 1955). 128 S. II Ea 11534

Frei,L.I.: Die heutigen Banksysteme Englands, der USA und Frankreichs.(Aus dem Russ.übers.) Berlin 1955. 233 S. I Ea 11543

Heinlein,A.: Das Abgabenrecht des Lastenausgleichs. Vermögensabgabe,Hypothekengewinnabgabe und Kreditgewinnabgabe in Frage und Antwort. Ein Wegweiser für Wirtschaft u.Verwaltung. Bielefeld 1954. 152 S. II Ea 11858

Hicks,U.: Steuerpolitik im Wohlfahrtsstaat. Die Erfahrungen in Grossbritannien. Berlin 1953. 42 S. II Ea 11888

Aspects financiers et fiscaux de l'intégration économique internationale. Den Haag 1953. 288 S. V Ea 11748

Der Lohnsteuer - Jahresausgleich 1955 mit der Jahreslohnsteuertabelle 1955. 10 S. II Eb 300

Metzner,M.: Kostengestaltung,Preisbildung und Marktprobleme. Bd 1.2. Berlin,München 1954. Bd 1: 160 S. Bd 2: 177 S. II Ea 11536

Der Schuldenstand der kommunalen Gebietskörperschaften in Niedersachsen am 31.März 1954. Hannover 1954. 54 S. II Eb 283

Tomuscheit,F.;G.Hannig: Die Umlaufmittel in den volkseigenen Industriebetrieben. Berlin 1955. 512 S. I Ea 11851

8.Kolchosrecht,Bodenrecht,Landwirtschaftliche Produktionsgenossenschaften

Arlt,R.: Fragen des Rechts der Landwirtschaftlichen Produktionsgenossenschaften in der Deutschen Demokratischen Republik. Berlin 1955. 167 S. I Ea 11779

Trapeznikov,S.: (Der Kampf der bolschewistischen Partei für die Kollektivierung der Landwirtschaft,bulgar.:) Borbata na bolševiškata partija za kolektivizacija na selskoto stopanstvo.- Sofia 1953. 245 S. IV Ea 9760

9.Strafrecht,Strafprozess

Bernoulli,N.: Das Verbot der reformatio in peius im schweizerischen Strafprozeßrecht. Winterthur 1953. 62 S. V Ea 11727

Binder,H.: Die Geisteskrankheit im Recht.Eine Klärung d.grundlegenden Begriffe für geistige Störungen im Schweizerischen Zivilgesetzbuch und Strafgesetzbuch. Für Juristen u.Aerzte. Zürich 1952. 205 S. V Ea 11749

Clerc,F.: Grundzüge des schweizerischen Strafrechts. Allg.Teil. Basel 1943. 215 S. Ea 11820

Dressler,H.: Massnahmenkonkurrenz im schweizerischen Strafrecht. Concours de mesures en droit pénal suisse. Basel 1947. 94 S. V Ea 11819

Fenigstein-Sigg,M.: Das Rassestrafrecht in Deutschland in den Jahren 1933-1945 unter besonderer Berücksichtigung des Blutschutzgesetzes. Aarau 1951. 126 S. V Ea 1o4o1

Frey,E.: Der frühkriminelle Rückfallsverbrecher. Criminalité précoce et récidivisme. Basel 1951. 444 S. V Ea 11761

Frey,E.: Reform des Massnahmenrechts gegen Frühkriminelle. La Réforme des mesures pénales à l'égard des criminels précoces. Basel 1951. 1o7 S. V Ea 11821

Fünf Jahre Zusammenarbeit in der Gefangenen- und Haftentlassenenfürsorge in Hessen. Ein Tagungsbericht. Hrsg.von der Arbeitsgemeinschaft f.Gefangenen- u.Haftentlassenenfürsorge in Hessen. Frankfurt/M.1955. 48 S. II Ea 11735

Germann,O.A.: Methodische Grundfragen . (Problèmes de méthode). Basel 1946. 16o S. V Ea 11743

Graven,J.: L'Escroquerie en droit pénal suisse. Der Betrug im schweizerischen Strafrecht. Basel 1947. 88 S. V Ea 11822

Hendrix, P.: Die Protokollführung in der Hauptverhandlung der Strafgerichte. 2.neubearb. Aufl. Bielefeld 1955. 6o S.II Ea 11526

Hübner,E.: Verbrechen gegen das gesellschaftliche, persönliche und private Eigentum. Berlin 1955. 118 S. I Ea 11849

The indeterminate Sentence. United Nations Department of social affairs. New York 1954. 92 S. V Ea 11138

Comparative Survey on juvenile delinquency.P.1.4.5. New York, Den Haag 1953-1955. P.1: 132 S. P.4: 123 S. P.5. 8o S. V Ea 11881

Kimmel,Österreichisches Jugendstrafrecht. 5.Aufl. Wien 1954. 123 S. V Ea 11729

Die Kriminalität in den Jahren 195o und 1951. Stuttgart 1955. 61 S. II Eb 286

Lang-Hinrichsen,D.: Das Strafensystem im ausländischen Strafrecht. Bonn 1955. 97 S. II Ea 11573

Lekschas,J.: Gutachten zum Prozess und Urteil gegen Jupp Angenfort und Wolfgang Seiffert. Berlin 1955. 87 S. I Ea 12543

Lohsing,E.: Oesterreichisches Strafprozessrecht. 4.Aufl.,neubearb. u.erg.von E.Serini. Wien 1952. 7o7 S. V Eb 298

Looser,J.: Das Verfahren bei kriegswirtschaftlichen Widerhandlungen. Luzern, 1943. 1o8 S. Bern,Jur.Fak.,Diss.vom 5.Febr.1942 Ea 7416

Lorenz,M.: Die Verjährung in der deutschen Strafgesetzgebung. Eine Untersuchg de lege lata und de lege ferenda. München,Berlin 1955. 122 S. II Ea 11415

Marat,J.P.: Plan einer Criminalgesetzgebung.(Aus dem Russ.übers., red.nach dem Französ.) Berlin 1955. 162 S. I Ea 11545

Niceforo,A.: (Kriminologie. Milieu und Verbrechertum, ital.:) Criminologia. Ambiente e delinquenza.Nuova ed. Mailand,Rom 1953. 489 S. V Ea 11742

Rejd,E.: (Die Schmach von New York,russ.:) Pozor Nju-Jorka.(Aus dem Engl.übers.) Moskau 1954. 166 S. III Ea 11023

Seelig,E.: Schuld,Lüge,Sexualität. Festausg.ausgew.Schriften zum 60.Geburtstag d.Verf. Mit e.Geleitwort von T.Rittler. Stuttgart 1955. 231 S. II Ea 11765

Speckert,X.: Legalitätsprinzip und Opportunitätsprinzip. Zürich 1951. 85 S.-Zürich. Rechts-u.staatswiss.Fak.,Diss.vom 16.Dez. 1950 V Ea 11835

Staatsanwalt und Polizei. H.1. Hrsg.Nehm u.E.Reimers. Hamburg 1955. 63 S. II Ea 11828

Das ausländische Strafrecht. Hrsg.v.E.Mezger, A.Schönke u.H.Jescheck. Bd 1: Argentinien - Dänemark-Japan - Jugoslawien. Berlin,München 1955. 468 S. II Ea 11462

Anwälte zur Reform des Strafrechts und Standesrechts. Eine Gedenkschrift für Josef Cüppers. Hrsg.in Zusammenarbeit mit dem Strafrechtsausschuss der Deutschen Rechtsanwaltskammern vom Vorstand d.Rechtsanwaltschaft Düsseldorf. Essen 1955. 296 S. II Ea 11862

Taras,T.: (Das sozialistische Strafrecht im Kampf gegen die Spionage,poln.:) Socjalistyczne prawo karne w walce ze szpiegostwem. Lublin 1954. S.268-332 Aus: Annales Universitatis Mariae Curil-Slodowska. 1954. IV Ea 12479

Verbrechen gegen die Tätigkeit staatlicher Organe. Von e.Kollektiv d.Instituts f.Strafrecht. Berlin 1955. 107 S. I Ea 11816

Verräter,Spione,Saboteure.(Enthüllungen d.ehemal.Angehörigen e. Geheimorganisation,d.sogenannten "Bundes Deutscher Jugend" Martin Eberhardt.) Berlin 1954. 23 S. I Eb 207

10.Kriminalistik,Gerichtliche Medizin

Deitigsmann,O.: Grundlagen und Praxis der gerichtlichen Handschriftenvergleichung. Stuttgart 1954. 232 S. II Ea 11134

Walder,H.: Kriminalistisches Denken. Hamburg 1955. 148 S. II Ea 11468

11.Gerichtsverfassung (einschließlich Staatsanwaltschaft, Notariat,Anwaltschaft)

Anwälte zur Reform des Strafrechts und Standesrechts. Eine Gedenkschrift für Josef Cüppers. Hrsg.in Zusammenarbeit mit dem Strafrechtsausschuss der Deutschen Rechtsanwaltskammern vom Vorstand der Rechtsanwaltschaft Düsseldorf. Essen 1955. 296 S. II Ea 11862

Blaustein,A.P.;C.O.Porter: The American Lawyer. A summary of the legal profession. Chicago 1954. 360 S. V Ea 11866

Clagett,H.: The Administration of justice in Latin America. New York 1952. 160 S. V Ea 11602

Heusi,K.: Die Gerichtsorganisation im Kanton Schaffhausen. Schleitheim 1954. 64 S. Zürich,Rechts- und staatswissenschaftliche Fak.Diss.v.31.Oktober 1953 V Ea 12587

Justizreform in den Ländern. Bericht über eine Arbeitstagung. Mit Referaten von Zinn und Hoepfner. Frankfurt/M. 1951. 139 S. II Ea 11584

Schorn,H.: Der Laienrichter in der Strafrechtspflege. Die mit Laienrichtern besetzten Strafgerichte. Münster 1955. 118 S. II Ea 11683

12.Freiwillige Gerichtsbarkeit

Baur,F.: Freiwillige Gerichtsbarkeit. Buch 1.Allgemeines Verfahrensrecht. Tübingen 1955. 413 S. II Ea 11580

13.Vertragssystem - Arbitrage

Sakow,M.P.: Das Sparsamkeitsregime in der sozialistischen Wirtschaft.(Aus dem Russ.übers.) Berlin 1955. 36 S. I Ea 11509

Schellenberger, M.: Grundlage,Bedeutung und rechtliche Regelung der Struktur der Wirtschaftsverträge in der Deutschen Demokratischen Republik. Berlin 1955. 140 S. I Ea 11842

14.Zivilrecht - Zivilprozeß

Das Allgemeine Bürgerliche Gesetzbuch. Auf der Grundlage der von J.Schey eingerichteten Ausg. hrsg.von H.Kapfer. Wien 1955. 1429 S. V Ea 11772

Avdeenko, N.I.u.a.(Fallsammlung aus dem sowjetischen Zivilprozeß, russ.:) Sbornik zadač po sovetskomu graždanskomu processu. Leningrad 1954. 127 S. III Ea 10920

Baumgarten,M.: Der Grundsatz der freien Erbteilung. Winterthur 1954. 83 S. Zürich,Rechts- und staatswiss.Fak.,Diss.vom 11.Juli 1953 V Ea 12578

Beuck,W.: Interzonales Privatrecht. Gesetzgebung,Materialien und Judikatur zur Ost-West-Rechtsspaltung. Erg.zu "Zonenprobleme 1948" Köln 1951. 173 S. II Ea 11126

Binder,H.: Die Geisteskrankheit im Recht. Eine Klärung d.grundlegenden Begriffe für geistige Störungen im Schweizerischen Zivilgesetzbuch und Strafgesetzbuch. Für Juristen u.Aerzte. Zürich 1952. 205 S. V Ea 11749

Bormann,H.: Das Mietenproblem.Möglichkeiten und Wege für eine Erhöhung der Wohnungsmieten. Tübingen 1955. 28 S. II Ea 11600

Burghardt,A.: Eigentumsethik und Eigentumsrevisionismus. Vom Abfindungslohn zum Miteigentum. München 1955. 238 S. II Ea 11578

Deliyannis,J.: La Notion d'acte illicite. Considéré en sa qualité d'élément de la faute délictuelle. Paris 1952. 367 S.V Ea 11702

Diester,H.: Gesetz über das Wohnungseigentum und das Dauerwohnrecht. Komm. Köln 1952. 625 S. II Ea 11863

Gyarmathy,I.: (Das gesellschaftliche Eigentum,ungar.:) A társadalmi tulajdon. Budapest 1954. 99 S. IV Ea 12345

Haymann,E.: Grundsätzliche Betrachtungen zu einem vielumstrittenen Thema.(Umschlagtit.: Das Privatrecht als Schlüssel zum Weltfrieden) Köln 1955. 23 S. II Ea 11527

Huber,A.: Die Klageanerkennung nach zürcherischem Recht. Winterthur 1954. 93 S. Zürich,Rechts- und staatswiss.Fak.,Diss. vom 19.Dez.1953. V Ea 12580

Jaeger,W.H.E.: Law of contracts. Buffalo, New York 1953. 677 S. V Ea 11390

Jansse,L.: La Propriété. La régime des biens dans les civilisations occidentales. Paris 1953. 258 S. V Ea 11717

Kern,P.: Das Recht der Unternehmenszusammenschlüsse in der Montanunion. Berlin,Frankfurt 1955. 184 S. II Ea 11463

Unhaltbares Konkursvorrecht des Staates! Denkschrift zur Änderung des Insolvenzrechts: § 61 KO - § 26 VerglOrd- §§ 63,180 LAG. Frankfurt 1954. Sp.36-39. II Eb 666

Kredite und Anleihen.(Aus dem Russ.übers.) Berlin 1955. 107 S. I Ea 11267

Leifer,F.: Vorlesungen über römischen Zivilprozess. Wien 1947. 79 S. V Ea 11730

Lichti,J.-P.: Der Rechtsirrtum,bes.im schweizerischen Obligationenrecht. Zürich 1950 161 S.- Zürich,Rechts- u.staatswiss.Fak.,Diss.vom 22.April 1950. V Ea 11838

(Die englischen Monopole, russ.)Anglijskie monopolii. Moskau 1955. 260 S. III Ea 11296

Novickij,I.B.: Die Uebereinstimmung der Interessen im sowjetischen Zivilrecht.(Aus dem Russ.übers.) Berlin 1955. 105 S. I Ea 11785

Schmidt,R.: Bürgerliches Recht. Ein Lehrbuch seiner Grundzüge. 2.neubearb.Aufl. Bd 5: Das Erbrecht. Berlin 1955. 121 S. II Ea 1177

Sievert,H.H.: Kreuz und quer durch das bäuerliche Recht. Ein Grundriß der Rechtsfragen aus dem Alltag des Bauern. Stuttgart 1955. 110 S. II Ea 11136

Tury,S.K.:(Rechtsfragen der gewerblichen Produktionsgenossenschaften unter bes.Berücksichtigung des Eigentumsverhältnisses,ungar.:) Az ipari termelőszövetkezetek egyes jogi kérdései,különös tekintettel a vagyonjogi viszonyokra.Budapest 1954. 185 S. IV Ea 11286

Wolff,K.: Grundriß des österreichischen Zivilprozeßrechts. 2.vollkommen neubearb. Aufl. Wien 1947. 445 S. V Ea 11762

Ylöstalo,M.: (Ueber die Testamentsanfechtung,finn.:) Testamentinmoitteesta. Helsinki 1953. 308 S. V Ea 7691

Zeiß,F.: Die Entwicklung des Eigenbetriebsrechts mit einer vergleichenden Darstellung d.Gesetzgebung und der einschlägigen Entwürfe der Länder seit 1945. Köln 1955. 14 S., 3 Taf.u.12 Bl. II Eb 307

15.Handelsrecht,Wertpapierrecht,Urheber-und Erfinderrecht

(Rechtsfragen des Aussenhandels der UdSSR mit den europäischen Ländern der Volksdemokratie,russ.:) Pravovye voprosy vnešnej torgovli SSSR s evropejskimi stranami narodnoj demokratii. Moskau 1955. 261 S. III Ea 11488

Cornaz,M.: Zum Problem der Wirtschaftsneutralität. Die Handelsverträge der Schweiz im ersten Weltkrieg. Zürich 1952. 96 S.-Zürich, Rechts- und staatswiss.Fak.,Diss.vom 1952 V Ea 11755

Frick,E.: Der unmittelbare und der mittelbare Schaden im Verantwortlichkeitsrecht der Aktiengesellschaft. Zürich 1953. 122 S. V Ea 11831

Kurzer Leitfaden für den Handelsverkehr mit Polen. Hrsg.von der Polnischen Aussenhandelskammer. Warschau 1955. 65 S. IV Ea 12547

Jarowinski,W.: Wesen,Funktionen und Hauptaufgaben des Binnenhandels in der DDR. Berlin 1955. 107 S. I Ea 11541

Irminger,E.: Die fusionsähnliche Vermögensübertragung bei Aktiengesellschaften. Zürich 1952. 102 S. V Ea 11833

Ottel,F.: Vom Wettbewerb zum Zwangsrecht. Ein Beitr.zur Reform d. Personenbeförderungsrechtes. Berlin 1955. 93 S. II Ea 11686

Paulick, H.: Die rechtliche Situation der Konsumgenossenschaften. Hamburg 1954. 24 S. II Ea 11470

Phillip,F.: Finnland und seine Genossenschaften. Ein Reisebericht. Hamburg 1955. 31 S. II Ea 11465

Reimer, E.: Europäisierung des Patentrechts. Berlin,Köln 1955. 305 S. II Ea 11595

Röpke,W.: Grundsätzliches zum Ost-West-Handel. Frankfurt/M 1955. 35 S. II Ea 11885

Schönke,A.: Das Schiedsgerichtsverfahren nach dem heutigen deutschen Recht. Ein Handbuch für Schiedsrichter und Schiedsparteien. 2.Aufl. Berlin,Köln 1954. 284 S. II Ea 11857

Schumann, H.: Handelsrecht. Bd 1: Handelsstand-Handelsgesellschaften. Wiesbaden 1953. 445 S. II Ea 10942

Troller,A.: Die internationalen Beziehungen in den Referentenentwürfen zur Urheberrechtsreform. Berlin 1955. 80 S. II Ea 11695

Ulmer; Bussmann; Weber: Das Recht der Verwertungsgesellschaften. Vergleichende Darstellung der gesetzlichen Bestimmungen. Weinheim 1955. 94 S. II Eb 285

16.Familienrecht

Benning,A.: Ehe und Familie in der Sowjetunion. Gewürdigt vom Standort christlicher Sittlichkeit. Münster 1955. 85 S. II Ea 11461

Bosch,F.: Liebe- Ehe- Rechtsordnung. Bad Godesberg (um 1954). 32 S. II Ea 11676

Vom Wesen und Geheimnis der Familie.,Zehn Untersuchungen. Hrsg.von I.Viollet.(Aus dem Französ.übers.) Salzburg 1952. 262 S. V Ea 11732

Familienrechtsreform. Dokumente und Abhandlungen. Hrsg.v. H.A. Dombois und F.K.Schumann. Witten/Ruhr 1955. 16o S. II Ea 11771

Hagemeyer,M.: Der Entwurf des Familiengesetzbuches der"Deutschen demokratischen Republik." 3.Aufl. Mit e.Anh.: Der Entwurf des Familiengesetzbuches in Wortlaut. Bonn 1955. 55 S. II Ea 11528

Lack,H.: Ehe -Ehebruch-Ehescheidung. Darf ein"Geschiedener"wieder heiraten? Eine biblische Untersuchung für gläubige Christen. Vaihingen 1954. 24 S. II Ea 11877

Oeter,F.: Familienpolitik. Stuttgart 1954. 235 S. II Ea 11116

Pompei,P.: Le Droit familial et patromonial au Viet-Nam. Paris 1951. 422 S. V Ea 11696

Schelsky,H.: Wandlungen der deutschen Familie in der Gegenwart. Darstellg u.Deutg e.empirisch-soziologischen Tatbestandsaufnahme. 3.,durch e.Anh.erw.Aufl. Stuttgart 1955. 417 S. II Ea 11766

17.Internationales Privatrecht

Arminjon,P.;B.Nolde;M.Wolff: Traité de droit comparé. T.1-3. Paris 195o-1952. T.1: 54o S. T.2: 635 S. T.3: 614 S. V Ea 117o8

Miller,J.T.: Du Traitement par les gouvernements des intérets étrangers dits substantiels des sociétés. Paris 195o. 212 S. Genf,Jur.Fak.,Diss.vom 13.Juli 195o V Ea 7888

Niquille,P.F.: Anknüpfungsprobleme im internationalen Vertragsrecht unter besonderer Berücksichtigung des Verhältnisses zwischen Bank und Kunde. Zürich 195o. 99 S. V Ea 11836

18.Arbeitsrecht

Handbuch der betrieblichen Altersversorgung. Hrsg. A.Weiß. München, Düsseldorf 1955. 247 S. II Ea 11886

Bublij, M.: Ueber die geistige und körperliche Arbeit in der UdSSR. (Aus dem Russ.übers.) Berlin 1955. 86 S. I Ea 1o996

Ehrat,N.: Rechtsanspruch und Rechtsschutz in Sozialversicherung und Sozialfürsorge. Eine rechtshistor.Studie. Zürich 1951. 62 S.
V Ea 11841

Fischer,G.: Partnerschaft im Betrieb. Heidelberg 1955. 189 S.
II Ea 11574

Greenman,R.L.;E.Greenman: Unternehmer und Gewerkschaft.(Aus dem Engl.übers.) Köln 1952. 184 S. II Ea 11241

Izveren,A.: Sorgfaltshaftung und Schadensersatzpflicht im Dienstvertragsrecht. Zürich 1952. 152 S.-Zürich,Rechts- und staatswiss. Fak.,Diss.vom 1952 V Ea 11834

Kistner,H.: Hoher Lohn allein tut es nicht. Sozialpolit,Wandlung d.Betriebes durch besseres menschliches Zusammenwirken. Bremerhaven 1955. 85 S. II Ea 11639

Leven, G.: Die Krankenversicherung in der öffentlichen Kritik. Eine Auswahl von Sachverständigen-Beiträgen und von Aeusserungen d.Spitzenverbände d.gesetzlichen Krankenversicherung. Bad Godesberg 1955. 68 S. II Ea 11677

Macher,F.: Der Arbeitsschutz in der Deutschen Demokratischen Republik und die Aufgaben der Wirtschaftsleitungen im Arbeitsschutz. Berlin 1955. 4o S. I Ea 115o2

Mann,A.: Betriebliche Sozialleistungen < Sozialetat > und Mitbestimmung. Frankfurt/M. 1952. 4o S. II Ea 11332

Müller,G.: Zur Tariffähigkeit der unter das Mitbestimmungsgesetz Bergbau und Eisen fallenden Unternehmen. Gutachtl.Vortrag. Frankfurt/M.1953. 15 S. II Ea 1o9o3

Nattermann,J.C.: Die moderne Arbeit soziologisch und theologisch betrachtet. Bad Wörishofen 1955. 76 S. II Ea 1172o

Tätigkeitsbericht des Österreichischen Gewerkschaftsbundes 1953. Wien 1954. 637 S. V Ea 1175o

Pašerstnik,A.J.: Rechtsfragen der Entlohnung der Arbeiter und Angestellten.(Aus dem Russ.übers.) Berlin 1955. 363 S. I Ea 11518

Savignat,A.: L'Orientation professionelle au service de la politique de l'emploi. Strasbourg 1951. 134 S. Freiburg/Schweiz, Jur.Fak.,Diss.v.14.Juli 1949 V Ea 7171

Schlick,H.: Die Altersversorgung- vordringliches Anliegen unserer Sozialpolitik. Heidelberg 1954. 16 S. II Eb 288

Schuster,E.: Zur lohnpolitischen Situation. 4.Aufl. Köln 1953. 47 S. II Ea 1189o

Soziale Arbeit heute.Berichte und Empfehlungen der Gilde Soziale Arbeit zur Fürsorge und Rentenreform. Hrsg.vom Institut zur Förderung öffentlicher Angelegenheiten. Frankfurt/M. 1951. 31 S.
II Ea 11572

Ziele und Mindestnormen der sozialen Sicherheit. Bericht IV(1) des Internationalen Arbeitsamtes zum 4.Punkt der Tagesordnung der 34. Tagung der Internationalen Arbeitskonferenz 1951. Genf 1951. 143 S. V Ea 12544

Spiegelhalter,F.: Die Formen der Ergebnisbeteiligung. Ein Katalog für die Praxis. Darmstadt 1954. 68 S. II Ea 11422

Steiger,E.: Altersprobleme. Wesen und Stellung des alten Menschen mit Beispielen aus der Altershilfe in zahlreichen Ländern. Bonn 1954. 64 S. II Ea 11672

(Handbuch des Versicherungsarbeiters,russ.:) Spravočnik strachovogo rabotnika. Moskau 1955. 372 S. III Ea 11297

Zorn,R.: Betriebsklima und Betriebsführung. In: Politische Studien, H.57. München 1955. S.6-14. II Ea 11537

19.Sammelwerke

Caristia, C.: Scritti giuridici,storici e politici. T.1: Scritti giuridici. Mailand 1953. 495 S. V Ea 10781

Festschrift für Peter Goessler. Tübinger Beiträge zur Vor- und Frühgeschichte. Stuttgart 1954. 221 S. II Eb 279

Die Einheit der Sozialwissenschaften. Franz Eulenburg zum Gedächtnis. Hrsg.von W.Bernsdorf u.G.Eisermann. Stuttgart 1955. 258 S. II Ea 11135

Arbeiterjugend gestern und heute.Sozialwissenschaftliche Untersuchungen. Hrsg.v.H.Schelsky. Heidelberg 1955. 349 S. II Ea 11246

Ministerstvo vyssego obrazovannija SSSR Saratovskij juridičeskij institut im. D.J.Kurskogo.(Wissenschaftliche Konferenz. Thesen der Referate,russ.:) Naučnaja konferenzcija. Tezisy dokladov. Saratov 1955. 89 S. III Ea 7849

III. Sonstige Wissensgebiete

Geschichte

Israel.(Aus dem Russ.übers.) Leipzig 1953. 23 S. I Ea 11439

Der alte Orient. (Aus d.Russ.übers.) Berlin 1955. 463 S. I Ea 11226

Kulturgeschichte

Die Frau in unserer Zeit.Ihre Wandlung und Leistung. Oldenburg, Hamburg 1954. 324 S. II Ea 11464

Grotewohl,O.: Befreiung und Aufstieg der Volkskultur des demokratischen Deutschlands. Berlin 1955. 34 S. I Ea 11846

Landwirtschaft

Dzarasov,T.:(Die Parteiorganisation und die Verbreitung der fortschrittlichen Erfahrung in der Landwirtschaft,russ.:) Partijnaja organizacija i rasprostranenie peredovogo-opyta v sel'skom chozjajstve. Moskau 1955. 95 S. III Ea 11020

Handbuch des Genossenschaftsbauern.Hrsg.Deutsche Akademie der Landwirtschaftswissenschaften zu Berlin. Bd 2,T.1.2. Bd 3. Berlin 1954-1955. 3 Bde I Ea 11515

Rochet,W.: (Die Lage der Bauern in Frankreich,poln.:) Sytuacja chłopów we Francji. Warschau 1954. 105 S. IV Ea 10386

Literatur

Becher,J.R.: Ein Deutschland ist,soll sein und bleiben! Berlin 1954. 24 S. I Ea 9830

Bešta,T.: (Grundlagen der polnischen Dialektologie. tschech.:) Podstawy dialektologii polskiej. Prag 1954. 144 S. IV Eb 230

Lukács,G.: Probleme des Realismus. Berlin 1955. 312 S. I Ea 11225

Pädagogik

Boldyrev,N.I.: (Über die kommunistische Erziehung der Kinder,russ.:) O kommunističeskom vospitanii detej. Moskau 1955. 30 S. III Ea 7814

Theologie

Gurev,G.A.: (Über den Glauben an Gott,russ.:) O vere v boga. Moskau 1954. 82 S. III Ea 10501

Heick,O.: Amerikanische Theologie in Geschichte und Gegenwart. Breklum 1954. 104 S. II Ea 11458

Koloničkij,P.F.: (Was ist Religion?,russ.:) Čto takoe religija? Moskau 1955. 30 S. III Ea 7804

Mausbach,J.: Katholische Moraltheologie.8.-10.Aufl.neubearb.v. G.Ermecke. Bd 1-3. Münster 1953/1954. Bd 1: 444 S. Bd 2: 396 S. Bd 3: 316 S. II Ea 11305

Wirtschaftswissenschaften

Albrecht,K.: Ein Vortrag für ausländische Freunde. Über aktuelle Wirtschaftsprobleme der Bundesrepublik Deutschland. Düsseldorf 1954. 30 S. II Ea 11166

Ballerstedt,K.: Übernationale und nationale Marktordnung. Eine montanrechtliche Studie. Tübingen 1955. 73 S. II Ea 11307

Die Konzentration in der französischen Eisen- und Stahlindustrie. Essen 1954. 16 S. II Eb 3o6

Holbrook,S.H.: Cäsaren der Wirtschaft. Die Entstehung der amerikanischen Gelddynastien. (Aus dem Engl.übers.) München 1954. 419 S. II Ea 11247

Kampschulte, F.;R.Völker: Unternehmer,Mitarbeiter,Kapital als Leistungs- und Ertragspartner. Erkenntnisse u.Erfahrungen aus der Betriebspraxis. Düsseldorf 1955. 13o S. II Ea 11576

Krumm,H.;P.Binder;K.C.Thalheim: Wirtschaftliche Vorbereitung der Wiedervereinigung mit der Sowjetzone. Bericht über die 1o.Arbeitstagung d.Arbeitsgemeinschaft selbständiger Unternehmer in Bonn am 16.Mai 1952. Heidelberg 1952. 63 S. II Ea 111o9

List,F.: Verwaltungsrecht technischer Betriebe.Zugleich eine Einführung in das Recht der Technik als Beispiel angewandter Wissenschaft. 2.verb.u.verm.Aufl. Baden-Baden 1955. 2o8 S. II Ea 11535

Most,O.: Soziale Marktwirtschaft und Verkehr. Bielefeld 1954. 59 S. II Ea 1o438

Regul,R.: Die Montan-Gemeinschaft und das Problem der Teilintegration. Essen 1954. 16 S. II Ea 11679

Saarwirtschaft und Europäisierung des Saarlandes. Stellungnahme der Industrie- und Handelskammer. Hrsg.von der Industrie- und Handelskammer des Saarlandes. Saarbrücken 1954. 131 S. II Ea 11416

Schleußner,C.A.: Der Mittelbetrieb. Bonn 1954. 56 S. I Ea 11o36

Magna Charta der sozialen Marktwirtschaft. Wortlaut der Vorträge, die auf dem Bundestag des Freiwirtschaftsbundes am 9.und 1o.Nov. 1951 in Heidelberg gehalten wurden. Heidelberg 1952. 92 S. II Ea 11111

Entscheidung für die Freiheit.Wortlaut der Vorträge,die auf der 1.Arbeitstagung der Aktionsgemeinschaft Soziale Marktwirtschaft am 2o.und 21.Mai 1952 in Bad Nauheim gehalten wurden. Bad Nauheim 1953. 137 S. II Ea 11125

Wir fordern von Regierung und Bundestag die Vollendung der Sozialen Marktwirtschaft. Wortlaut der Vorträge,die auf der 2.Arbeitstagung der Aktionsgemeinschaft Soziale Marktwirtschaft e.V.am 18. u.19.Nov.1953 in Bad Godesberg gehalten wurden. Bad Nauheim 1954. 134 S. II Ea 11124

Der Europäische Wirtschaftsrat in Paris (OEEC).Bericht 5: Fortschritte und Probleme der europäischen Wirtschaft. Dt.Übers.Hrsg. Bundesministerium für wirtschaftl.Zusammenarbeit. Bad Godesberg 1954. 378 S. II Ea 11736

Bericht der Bundesrepublik Deutschland über die wirtschaftliche Lage und die Entwicklungsmöglichkeiten bis zum Jahre 1955. Bonn 1955. 66 S. II Ea 11168

IV. Sonstiges

Kitaj. China. La Chine. (Abb.) Ed.by China Pictoral. Peking(um 1955). 52 Bl. IV Eb 670

New China. Ed.by China Pictoral. 2 nd ed. Peking 1953. 84 Bl. IV Eb 277

Gayn,M.: (Japanisches Tagebuch,poln.:) Dziennik japonski. Warschau 1954. 529 S. IV Ea 10699

Loch,H.: Auf seltsamen Pfaden. Streifzüge durch das Russland von gestern und heute. Berlin 1955. 290 S. I Ea 11540

Ludšuvejt,E.F.: (Türkei.Oekonomisch-geographischer Abriss,russ.:) Turcija. Ekonomiko- geografičeskij očerk. Moskau 1955. 397 S. III Ea 10773

Magnien,M.: (Im Lande der 600 Millionen,poln.:) W Kraju 600 milionów. Warschau 1954. 361 S. IV Ea 10696

Marion,G.: Kriegspresse halt! (Aus dem Engl.übers.) Berlin 1954. 240 S. I Ea 9343

Oleščuk, F.N.: Atheismus. (Aus dem Russ.übers.) Berlin 1955. 30 S. I Ea 11505

D. ÜBERSETZUNGEN AUS DER ZEITSCHRIFT "SOVETSKOE GOSUDARSTVO I PRAVO" [1]

Aus der Zeitschrift "Sovetskoe gosudarstvo i pravo"(Sowjetstaat und Sowjetrecht), die im Deutschen Institut für Rechtswissenschaft laufend vollständig übersetzt wird, gingen in dieser Berichtszeit folgende Artikel ein:

Jg. 1955, Heft 5 [2]

Tille,A.A: Die Bildung der Lettischen SSSR - ein Akt des souveränen Willens des lettischen Volkes. 18 S.

Auling, R.J.: Die Schaffung und Entwicklung des Sowjetstaates in Estland. 16 S.

1) Die hier angezeigte Literatur ist gemäß der Benutzungsordnung der Bibliothek des Deutschen Instituts für Rechtswissenschaft für die Mitglieder des Deutschen Instituts für Rechtswissenschaft, Ministerien und zentrale Institutionen der Deutschen Demokratischen Republik und nach der Leihverkehrsordnung der Bibliotheken ausleihfähig.

2) Die Ordnung der Titel erfolgt entsprechend der Anordnung der Beiträge im Originalheft.

Žukov,G.P.;K.A.Domaševičus(Shukow,G.P.;K.A.Domaschewitschus): Die Litauische SSR - ein gleichberechtigtes Mitglied der großen Sowjetunion. 16 S.

Tulisov,M.P.(Tulisow,M.P.): Über die Tätigkeit der Internationalen Vereinigung demokratischer Juristen. 13 S.

Pritt,D.N.: Wie in England die staatsanwaltliche Arbeit durchgeführt wird. 7 S.

Zajcev,D.(Saizew,D.): Über die Entgegennahme und Bearbeitung der Beschwerden der Werktätigen in den Organen der staatlichen Verwaltung. 3 S.

Kelina,S.G.: Schutz des gesellschaftlichen Eigentums in der ungarischen Volksrepublik. 11 S.

Jg.1955,Heft 6

Komachidze, M.Ch.(Komachidse,M.Ch.): Über das Objekt der Vermögensverbrechen. 13 S.

Guliev,A.B.(Gulijew,A.B.): Die Lösung der Nationalitätenfrage in der Rumänischen Volksrepublik. 12 S.

Über den Besuch einer Delegation chinesischer Juristen in der UdSSR. 7 S.

Oganesjan,S.A.: Aus der Juristischen Fakultät der Jerewaner staatlichen W.M. Molotow-Universität. 3 S.

Grave,K.A.(Grawe,K.A.): Rezension des Buches von R.O.Chalfina: Das persönliche Eigentumsrecht der Bürger der UdSSR.- Moskau 1955. 10 S.

Jg.1955,Heft 7

Beljaeva, Z.S.(Beljajewa,S.S.): Die rechtlichen Formen und Methoden der staatlichen Leitung der Kolchosen. 33 S.

Lukaševa,E.A.(Lukaschewa,E.A.): Die Entwicklung des sozialistischen Rechtsbewußtseins - eines der wichtigsten Mittel zur Festigung der sozialistischen Gesetzlichkeit. 30 S.

Aleksandrov,L.A.(Alexandrow,L.A.): Die Nationalräte der Volksrepublik Polen im Kampf um die Festigung der Gesellschaftsordnung und des Aufbaus der Grundlagen des Sozialismus. 20 S.

Rajgorodskij,N.A.(Raigorodski,N.A.): Notwendige Änderungen in der rechtlichen Regelung der Honorierung von Erfindervorschlägen. 28 S.

Golunskij, S.A.: Über die Beweiswürdigung im sowjetischen Strafprozeß. 23 S.

Savickij,M.J.(Sawizki,M.J.): Die Aufgaben und die Stellung des Verteidigers im sowjetischen Strafprozeß. 22 S.

Levin,D.B.(Lewin,D.B.):"Was verbirgt sich hinter der Theorie des Primats" des Völkerrechts vor dem innerstaatlichen Recht? 13 S.

Torkanovskij,E.P.(Torkanowski,E.P.): Fragen der rechtlichen Regelung des Honorars der Urheber literarischer Erzeugnisse. 17 S.

Jakovlev,L.(Jakowlew,L.): Besprechung des Lehrbuches von Prof.N.G. Alexandrow "Das sowjetische Arbeitsrecht".- Moskau 1954. 7 S.

Ginzburg,L.Ja.(Ginzburg,L.J.): Über das Buch von L.A.Nikolajewa "Einstellung und Entlassung der Arbeiter und Angestellten nach sowjetischem Gesetz". 6 S.

Varencova,V.G.(Warenzowa,W.G.): Über die Bücher von A.A.Abramowa "Der Schutz der Arbeitsrechte der Frauen in der UdSSR" und E.N. Korschunowa" Die Arbeitszeit und Erholungszeit der Arbeiter und Angestellten in der UdSSR". 8 S.

Joffe, O.S.;V.F.Jakovleva(Joffe,O.S.;W.F.Jakowlewa): Besprechung des Buches von S.N.Bratus und L.A.Lunz "Fragen des Wirtschaftsvertrages". Moskau 1954. 1o S.

Jg.1955,Heft 8

Dozorcev,V.A.(Dosorzew,W.A.): Die Rechtsstellung des Industriebetriebes. 27 S.

Anan'ev,F.T.(Ananjew,F.T.): Die Gesetzgebung über das Erfinderwesen muß wirksam angewandt werden. 25 S.

Gribanov,V.P.(Gribanow,W.P.): Rechtsnachfolge des Überganges von Vermögensgegenständen auf Grund eines Kaufvertrages nach dem sowjetischen Zivilrecht. 22 S.

Vinberg,A.J.(Winberg,A.J.): Über das Wesen der kriminalistischen Technik und der kriminalistischen Expertise. 17 S.

Valentinov,V.J.(Walentinow,W.J.): Über die Verletzungen der Freiheit der Schiffahrt im Gebiet der chinesischen Meere. 13 S.

Die Organisation und Tätigkeit der Gerichtsorgane in der Chinesischen Volksrepublik. 17 S.

Tumanov,V.A.(Tumanow,W.A.): Die juristischen Zeitschriften der Deutschen Demokratischen Republik in den Jahren 1954-1955. 22 S.

E. 4.(18.) VERZEICHNIS DER IN DER BIBLIOTHEK DES DEUTSCHEN INSTITUTS FÜR RECHTSWISSENSCHAFT VORHANDENEN UNVERÖFFENTLICHTEN ÜBERSETZUNGEN [1)]

1.Gesetzesmaterialien und Dokumente (auch Verfassungen und Kurzkommentare)

Beschluß des Ministerrates vom 8.Mai 1954 über das Verfahren bei der Durchführung der Staatlichen Kontrolle. 25 S.
Aus: Monitor Polski. Nr.A - 5o, Pos. 682.
[Betr.Polen] ÜP 351

Beschluß des Ministerrates Nr.119o vom 9.Dezember 1952 über das Organisationsstatut des Ministeriums für Staatliche Kontrolle.4 S.
[Betr.Polen]
Aus: Monitor Polski. Nr. A - 1o6,Pos.1639. ÜP 35o

Beschluß des Ministerrates Nr.468/53 vom 2o.Juni 1953 über die Bezeichnung der Gruppe (Kategorie) von Mitarbeitern der Staatlichen Kontrolle,denen das Recht zugesprochen wird, Beschlüsse und Entscheidungen über Entschädigungen zu treffen. 2 S.
[Betr.Polen]
Aus: Monitor Polski. Nr. A - 62, Pos.756. ÜP 349

Konvention über die politischen Rechte der Frauen. Konvencija o političeskich pravach ženščin [dt.] 7 S.
Aus: Meždunarodnaja žizn'. 1955/1o. ÜR 797

2.Theorie des Staates und des Rechts

Halász,Pál.: Einige logische Probleme der Einheit unseres Rechtssystems. Jogrendszerünk egységének néhány logikai problémája [dt.] 16 S.
[Betr.Ungarn]
Aus: Jahrbuch d.Staats-u.Rechtswiss.Fak.d.Akad.d.Wiss.zu Pécs. Budapest 1954. S.79-89. ÜUn 136

Kulcsár,Kálmán: Die Einheit der Gesetzlichkeit und der Militärjustiz. A törvényesség egysége és a katonai igazságszolgáltatás [dt.] 19 S.
[Betr.Ungarn]
Aus: Jogtudományi közlöny. 1955/8. ÜUn 127

1) Die hier angezeigte Literatur ist gemäß der Benutzungsordnung der Bibliothek des Deutschen Instituts für Rechtswissenschaft für die Mitglieder des Deutschen Instituts für Rechtswissenschaft, Ministerien und zentrale Institutionen der Deutschen Demokratischen Republik und nach der Leihverkehrsordnung der Bibliotheken ausleihfähig.-Verzeichnis 1 - 4 erschien hektographiert,Verzeichnis 5 - 14 ist enthalten im Mitteilungsblatt des Deutschen Instituts für Rechtswissenschaft 1953,Nr.1 - 1955,Nr. 3

Über die Arbeit der Generalkommission in Fragen des Staates und des Rechts der Akademie der Wissenschaften in der Ungarischen Volksrepublik.Az állam- és jogtudományi föbizottság munkájáról [dt.] 4 S.
Aus: Jogtudományi közlöny. 1955/8. ÜUn 129

Über die Aufgaben der Theorie des Staates und des Rechts.O úkolech theorie státu a práva [dt.] lo S.
[Betr. ČSR]
Aus: Právník. 1955/9. ÜT 288

3.Geschichte des Staates und des Rechts

Gorodeckij, E.N.(Gorodezki,E.N.): Der Kampf der Volksmassen für die Schaffung der sowjetischen Staatsorgane (1917-1918).Bor'ba narodnych mass za sozdanie sovetskich gosudarstvennych organov (1917-1918) [dt.] 34 S.
Aus: Voprosy istorii. 1955/8. ÜR 791

4.Geschichte der politischen Anschauungen

Friedrich,Carl.: Das politische Denken des Neo-Liberalismus.The political Thought of Neo-Liberalism [dt.] 38 S.
Aus: The American Political Science Review. 1955/2. ÜE 12

Einige Fragen der Geschichte der russischen gesellschaftlichen Ideen von Ende des 18.bis zur Mitte des 19.Jahrhunderts.O nekotorych voprosach istorii russkoj obščestvennoj mysli konca 18 - pervoj poloviny 19 veka [dt.] 27 S.
Aus: Voprosy istorii. 1955/9. ÜR 793

5.Völkerrecht und Außenpolitik

Rezension des Buches: Jerzy Sawicki "Von Nürnberg zum Pariser Abkommen". Jerzy Sawicki "Od Norymbergi do układu paryskiego" [dt.] lo S.
Aus: Nowe prawo. 1955/11. ÜP 340

6.Staatsrecht

Muszkat,Marian.: Die Rolle der Verteidigung im Prozeß gegen die Kommunistische Partei Deutschlands.Rola obrony w procesie przeciwko Komunistycznej Partii Niemiec [dt.] 26 S.
Aus: Państwo i prawo. 1955/6. ÜP 242

Auszug aus den Vorschriften über Organisation und Tätigkeit der Volksräte nach dem Stand vom 1.Juli 1953. Zusammengefaßt von J.Starościak. 56 S.
[Betr.Polen]
Quelle: Bibliothek der Zeitschrift "Rada Narodowa". 1953.ÜP 338

7.Verwaltungsrecht

Czakó,Kálmán.: Über das gegenseitige Verhältnis der Räte- und der Staatsanwaltschaftsorgane. A tanácsi és ügyészi szervek kapcsolatáról [dt.] 9 S.
[Betr.Ungarn]
Aus: Állam és igazgatás. 1955/3-4. ÜUn 134

Karpec, I.I.(Karpez,I.I.): Verwaltungskommissionen bei den Exekutivkomitees der Rayonsowjets der Deputierten der Werktätigen. 48 S.
Orig.ersch.: Moskau 1954. ÜR.796

Kolomazník,Vlastimír.: Die Massenarbeit der örtlichen Sowjets. Masová práce místních sovětu [dt.] 15 S.
Aus: Sovětska věda - Stát a právo. 1955/6. ÜT 302

Mezö,Imre.: Über das Verhältnis zwischen den örtlichen Räten und dem Staatsanwalt. A hely tanácsok és az ügyész kapscolatáról [dt.] 18 S.
[Betr.Ungarn]
Aus: Állam és igazgatás. 1955/1-2. ÜUn 133

Panýrek,Josef.: Die Grundsätze des neuen Verfahrens in Verwaltungssachen. Zásady nového řízení ve věcech správních [dt.] 25 S.
[Betr.ČSR]
Aus: Socialistická zákonnost. 1955/8. ÜT 304

8.Finanzrecht

Keine Eingänge

9.Kolchosrecht,Bodenrecht,Landwirtschaftliche Produktionsgenossenschaften

Breyer,Stefan.: Die Problematik der landwirtschaftlichen Produktionsgenossenschaften im Entwurf zum neuen Zivilgesetzbuch. Problematyka rolniczej spółdzielczości produkcyjnej w projekcie kodeksu cywylnego [dt.] 34 S.
[Betr.Polen]
Aus: Nowe Prawo. 1955/4. ÜP 336

Jezierski,Zygmunt.: Über einige Probleme der Entwicklung des gesellschaftlichen Eigentums in den Produktionsgenossenschaften. 31 S.
[Betr.Polen]
Aus: Ekonomista. 1952/4. ÜP 339

1o.Strafrecht,Strafprozeß

Rolenc,Oldřich.: Einige Bemerkungen zum Adhäsionsverfahren. Několik poznámek k adhesnímu řízení [dt.] 23 S.
[Betr. ČSR]
Aus: Socialistická zákonnost. 1955/9. ÜT 306

Šubert,Ladislav.: Zur Frage des Verschuldens beim Versuch. K otázke zavinenia pri pokuse [dt.] 18 S.
[Betr. ČSR]
Aus: Právny obzor. 1955/7. ÜS 74

Vybíral,Boris.: Der Versuch und die Vorbereitungshandlung im tschechoslowakischen Strafrecht. Pokus a přípravné jednání v čs. trestním právu [dt.] 41 S.
Aus: Sovětská věda - Stát a právo. 1955/5. ÜT 296

11.Kriminalistik,Gerichtliche Medizin

Keine Eingänge

12.Gerichtsverfassung,Anwaltschaft,Staatliches Notariat

Révai,Tibor.: Das neue Gesetz über die Organisation der Anwaltschaft. Új törvény az ügyvédség szervezetéről [dt.] 9 S.
[Betr.Ungarn]
Aus: Jogtudományi közlöny. 1955/7. ÜUn 131

Programm des Lehrgangs "Die Staatsanwaltschaft in der UdSSR" für die juristischen Fakultäten der staatlichen Universitäten. Programma kursa "Prokurorskij nadzor v SSSR" dlja juridičeskich fakul'tetov gosudarstvennych universitetov [dt.] 17 S.
Orig.ersch.beim Ministerium f.Hochschulbildung. Moskau 1954. ÜR 799

13.Vertragssystem,Arbitrage

Keine Eingänge

14.Zivilrecht,Zivilprozeß

Gorbanov,Ljuben (Gorbanow,Ljuben): Die juristische Person und die prozessuale Rechtsfähigkeit der Staatsbetriebe. Juridičeskata ličnost i procesualnata pravosposobnost na duržavnite predprijatija [dt.] 13 S.
[Betr.Bulgarien]
Aus: Socialističesko pravo. 1954/8. ÜB 12o

15.Familienrecht

Christov,N.(Christow,N.): Die wichtigsten Bestimmungen im Entwurf für ein Familiengesetz der Deutschen Demokratischen Republik. Po-važnite razporedbi v proekta za semeen kodeks na germanskata demokratična republika [dt.] 8 S.
Aus: Socialističesko pravo. 1955/5. ÜB 124

16.Internationales Privatrecht

Keine Eingänge

17.Arbeitsrecht

Chyský,Jiří.: Zu einigen Fragen des Verfahrens in Arbeitssachen. K některým otázkám řízení ve věcech pracovních [dt.] 25 S.
[Betr. ČSR]
Aus: Socialistická zákonnost. 1955/8. ÜT 278

Pašerstnik,A.E.(Pascherstnik,A.E.): Die Einhaltung der sozialistischen Arbeitsdisziplin - Verpflichtung eines jeden Sowjetbürgers. 55 S.
Aus: Allunionsgesellschaft zur Verbreitung wissenschaftlicher Kenntnisse. Serie 2, Nr.15, 1.Quartal.- Moskau 1953. ÜR 795

18.Sonstiges

Steigern wir die schöpferische Kraft der ideologischen Arbeit. Wzmóżmy twórczy wysiłek w pracy ideologicznej [dt.] 25 S.
[Betr.Polen]
Aus: Nowe drogi. 1955/10. ÜP 344

Ionașcu,Tr.: Die erste Generalversammlung der Juristenvereinigung der Rumänischen Volksrepublik. Prima adunare generală a Asociației Juriștilor din R.P.R. [dt.] 15 S.
Aus: Justiția nouă. 1955/5. ÜRum 47

Rechenschaftsbericht über die Arbeiten des Ausschusses für Rechtswissenschaften der Polnischen Akademie der Wissenschaften am Entwurf der Richtlinien für den Plan besonders wichtiger Forschungen auf dem Gebiet der Rechtswissenschaften für die Jahre 1956 - 1960. Sprawozdanie z prac Komitetu Nauk Prawnych PAN nad projektem wytycznych do planu badań ważnych w zakresie nauk prawnych na lata 1956-1960 [dt.] 11 S.
Aus: Państwo i prawo. 1955/12. ÜP 334

Für ein höheres Niveau unserer Zeitschrift. Za vyšší úroveň našeho časopisu [dt.] 6 S.
[Betr. ČSR]
Aus: Soudce z lidu. 1955/11. ÜT 300

ALPHABETISCHES SACHGRUPPENVERZEICHNIS

Arbeitsrecht (einschl.Verfahren) .... S. 299,324,353,364
Arbitrage .... S. 295,350
Außenpolitik .... S. 282,304,341,362
Biographien .... S. 334
Bodenrecht (sozialist.) .... S. 290,347,363
Buch- und Bibliothekswesen .... S. 333
Dokumente .... S. 336,361
Familienrecht .... S. 298,323,353,364
Finanz-,Steuer-und Preisrecht .... S. 289,311,346
Freiwillige Gerichtsbarkeit .... S. 317,350
Gerichtliche Medizin .... S. 316,349
Gerichtsverfassung (einschl.Staatsanwaltschaft,Notariat,Anwaltschaft)............. S. 294,316,349,364
Geschichte der politischen Anschauungen .... S. 281,362
Geschichte des Staates und des Rechts ...... S. 279,340,362
Gesetzesmaterialien .... S. 336,361
Handelsrecht .... S. 320,352
Internationales Privatrecht .... S. 299,324,353
Juristische Ausbildungs- und Prüfungsfragen .... S. 300,331
Kolchosrecht .... S. 290,347,363
Kriminalistik .... S. 316,349
Landwirtschaftliche Produktionsgenossenschaften .... S. 290,347,363
Marxismus-Leninismus (allgemein) .... S. 278,334
Nachschlagewerke,allg.u.bibliograph. .... S. 333
Philosophie .... S. 335
Politische Ökonomie .... S. 278,336
Sammelwerke .... S. 355
Sonstiges .... S. 300,332,355,358,365
Sonstige Wissensgebiete(Geschichte,Kulturgeschichte,Literatur,Pädagogik,Theologie,Wirtschaftswissenschaften)........................ S. 355
Staatsrecht .... S. 285,305,343,362
Strafrecht-Strafprozeß .... S. 291,313,347,363
Theorie des Staates und des Rechts .... S. 278,303,338,361
Übersetzungen aus der Zeitschrift "Sovetskoe gosudarstvo i pravo" 1955,H.5-8 .... S. 358
Urheber-und Erfinderrecht S.295,320,352
Vertragssystem .... S. 295,350
Verwaltungsrecht .... S. 287,305,345,363
Völkerrecht .... S. 282,304,341,362
Wertpapierrecht .... S. 295,320,352
Wissenschaft im allgemeinen .... S. 335
Wörterbücher .... S. 333
Zeitschriftenverzeichnisse .... S. 275,301
Zivilrecht-Zivilprozeß .... S. 295,317,350,364

Verantwortlicher Redakteur: Dr. Bellmann, Potsdam-Babelsberg II, Karl-Marx-Straße 2. Die Zeitschrift erscheint zweimonatlich. Der Bezugspreis beträgt pro Heft DM 3,70 zuzüglich Porto- und Versandkosten. Verlag: Akademie-Verlag GmbH., Berlin W 8, Mohrenstraße 39, Fernruf: 20 03 86, Postscheckkonto: Berlin 350 21
Satz und Druck: (100) Akademie-Verlag GmbH., Berlin W 8 (100) Ag 718/56/DDR

FSC
www.fsc.org
MIX
Papier | Fördert
gute Waldnutzung
FSC® C083411

Kolibri 360 GmbH
Ferdinand-Jühlke-Straße 7
99095 Erfurt, Deutschland
produktsicherheit@kolibri360.de